Ch. BODEVELLES

...cipes d'Economie politique

PARIS
V. GIARD & E. BRIÈRE
LIBRAIRES-ÉDITEURS
16, rue Soufflot & 12, rue Toullier

1905

Principes d'Économie politique

Ch. BODEVELLES

Principes d'Economie politique

PARIS
V. GIARD & E. BRIÈRE
LIBRAIRES-ÉDITEURS
16, rue Soufflot & 12, rue Toullier
—
1905

PRÉFACE

L'économie politique paraît être, sinon la plus arriérée, du moins l'une des plus arriérées des sciences : elle se divise en écoles nombreuses, et une telle division est toujours, pour une science, l'indice d'un avancement médiocre. De plus, cette division est, chez elle, aussi profonde que possible, car les économistes sont en désaccord entre eux, non seulement sur l'application des principes de cette science, non seulement sur ces principes eux-mêmes, mais jusque sur la méthode à employer pour les découvrir.

Sans doute, de ce qu'il existe des écoles nombreuses dans une science, il ne découle pas qu'aucune d'elles n'en ait découvert les véritables principes ; mais tout concourt à démontrer qu'en économie politique, cette division est bien le signe de progrès insuffisants : aucune des écoles économiques ne recrute, d'une manière sensible, des adhérents aux dépens des autres, et c'est cependant ce que fait toujours toute école qui a pour elle la force de la vérité ; d'autre part, aucune d'elles n'a répondu, d'une manière satisfaisante, à toutes les objections que lui opposent les autres.

Cependant, il est nécessaire au plus haut point que

cette science réalise des progrès. Malgré la puissance prodigieuse qu'ont acquise les moyens de production, malgré l'existence d'une accumulation de richesses comme le monde n'en a jamais connu, il y a des hommes qui, même au prix d'un labeur acharné, ne parviennent pas à se procurer le nécessaire ; il y en a même qui se trouvent dans l'impossibilité de travailler, non parce que les forces ou les aptitudes leur font défaut, mais parce que la société ne peut utiliser leur travail.

Il semble même que ces maux vont en se multipliant. Les grèves, qui sont l'indice d'un état de malaise dans la classe ouvrière, deviennent sans cesse plus nombreuses et plus fréquentes, s'étendent avec plus de facilité, durent plus longtemps, et sont de plus en plus accompagnées de l'emploi de la violence.

Les peuples industriels remédient, autant que possible, à cet état de choses, en procurant continuellement, au besoin par la force, des débouchés nouveaux à leur commerce et à leur industrie. Mais il est évident que ce moyen n'est qu'un palliatif insuffisant, puisqu'il ne pourra pas toujours être employé. Il faut donc s'attendre si l'on ne parvient pas à trouver le moyen de perfectionner l'organisation de la production, à voir la misère s'étendre et les ruines se multiplier, jusqu'au point de devenir insupportables.

Si l'économie politique a fait si peu de progrès, c'est que plusieurs causes s'opposent à ce qu'elle en fasse.

L'expérimentation y est impossible, car il faudrait, pour que l'économiste pût employer ce mode de recherches, qu'il eût un peuple à sa disposition, condition qu'il lui est évidemment impossible de réaliser. Or, l'expérimentation est d'une extrême utilité dans les sciences qui comme l'économie politique, reposent sur l'observation : elle permet à ceux qui les cultivent de s'apercevoir de leurs erreurs et de les rectifier ; par suite de réduire peu à peu le champ dans lequel ils peuvent errer, et d'arriver ainsi enfin à la découverte de la vérité. L'économiste se trouve ainsi privé d'un moyen d'investigation qui lui serait d'un grand secours.

Ceux qui bénéficient des privilèges existants, désirent le maintien de l'ordre des choses actuel, et font tous leurs efforts pour l'obtenir. Pour cela, ils ont recours à deux moyens. D'abord, ils enseignent une doctrine économique ayant pour but de démontrer que cet état de choses est bon, ou, du moins, le meilleur possible ; ensuite, ils encouragent à persévérer dans leurs opinions, ceux qui demandent des réformes irréalisables. D'autre part, des gens qui veulent s'élever à tout prix défendent, non les idées qu'ils croient justes et vraies, mais celles qui leur permettent de satisfaire le plus facilement leur ambition ou leurs intérêts. Les efforts ainsi faits pour jeter la confusion et l'obscurité sur les questions économiques ne sont pas dépourvus de résultats.

Mais il existe encore, suivant nous, une autre cause qui s'oppose aux progrès de cette science. Cette nouvelle cause consiste dans la manière généralement adoptée pour l'exposer. On convient ordinairement que l'économie politique a pour but d'indiquer aux hommes les moyens de se procurer, aussi amplement qu'il est possible, tout ce qui est nécessaire à la satisfaction de leurs besoins. « L'économie politique, dit Adam Smith, se « propose deux objets distincts : le premier est de mettre « le peuple en état de se procurer à lui-même une sub- « sistance abondante ; le second, de fournir à l'Etat un « revenu suffisant pour le service public ». « L'économie « politique, dit à son tour Droz, est une science qui a « pour but de rendre l'aisance aussi générale que pos- « sible ».

Que doit-on faire pour obtenir ces résultats ? Evidemment, examiner les divers moyens de développer la production dont nous disposons, afin d'en découvrir les défauts, les imperfections, s'ils en présentent, et chercher les moyens d'y remédier.

Or, on divise ordinairement l'économie politique de la manière suivante : *production*, *répartition*, *circulation* et *consommation* des richesses. Une telle division se rapporte plutôt à un traité de la division du travail qu'à un traité d'économie politique. La partie que l'on intitule *de la production* consiste presque en entier dans un exposé des avantages et des inconvénients de la division du travail. La *répartition* et la *circulation* des richesses n'auraient point lieu si le travail n'était pas divisé ; elles ne sont donc que des parties de la division du travail. La *consommation* est la seule partie actuellement traitée de cette science qui ne se rapporte pas à la division du travail ; mais, de la manière dont on en traite, c'est aussi la moins importante.

La division du travail constitue, sans doute, un moyen extrêmement puissant de multiplier les richesses. Mais ce moyen n'est pas le seul qui soit employé. Il ne peut remplacer les autres, et il ne peut même acquérir toute sa puissance que si ces derniers sont employés. La manière dont on divise actuellement l'économie politique est donc défectueuse.

Il n'est au pouvoir de personne de faire que l'expérimentation puisse être employée dans cette science ; l'économiste doit donc se borner à attendre, des faits qui se produisent en dehors de sa volonté, la confirmation ou l'infirmation de ses déductions. Mais il peut étudier les lois de la production sans parti pris, et diviser l'économie politique d'une manière plus favorable à la découverte de la vérité ; c'est ce que nous avons tâché de faire dans l'ouvrage que nous soumettons aujourd'hui au public.

NOTIONS GÉNÉRALES

CHAPITRE PREMIER

DÉFINITION DE L'ÉCONOMIE POLITIQUE

L'homme doit se procurer, par son travail, la plupart des objets qui ont le pouvoir de satisfaire ses besoins ou ses désirs. La science de ce qu'il doit faire pour se procurer ces objets est celle que l'on nomme la *science économique.*

Pour se procurer ces objets, l'homme doit d'abord acquérir la connaissance des lois naturelles qui président à leur production, afin de découvrir ces objets, ou d'amener, par son travail, la nature à les produire. Ensuite, comme il ne peut tenter d'employer les agents naturels qui lui permettent de produire ces objets, et ces objets eux-mêmes, sans se trouver en opposition d'intérêts avec ses semblables, il doit s'accorder avec ceux-ci pour pouvoir employer ces choses. Enfin, il doit se livrer au travail, soit pour découvrir les objets dont il a besoin, soit pour les produire.

C'est à la science de ce qu'il doit faire, dans le second de ces trois cas, que l'on donne le nom d'*économie politique*. C'est, du moins, la seule partie de la science économique qui ait droit à ce titre, puisque c'est la seule par laquelle cette dernière touche à la politique ; c'est-à-dire, au gouvernement des nations.

L'économie politique est donc la science des conventions, ou lois positives, qui règlent les rapports que font naître entre les hommes, les efforts qu'ils font pour arriver à satisfaire un certain nombre de leurs besoins et de leurs désirs.

CHAPITRE II

DES BESOINS

Pour se conserver et se développer, l'homme doit faire usage de choses qui sont extérieures à son corps. C'est cette situation que l'on exprime en disant qu'il a des besoins. Le besoin est donc la nécessité où il se trouve de faire usage de certaines choses, pour se conserver et se développer.

L'homme a besoin de choses de diverses sortes. Les principales sont l'air, la lumière, la chaleur, les aliments, les vêtements, le logement, etc. Il n'est pas dans la nécessité de se procurer toutes les choses dont il a besoin, mais seulement quelques-unes d'entre elles. Il n'est pas dans la nécessité de se procurer de l'air ; il n'est pas non plus dans la nécessité de se procurer de la lumière et de la chaleur, tant que la lumière et la chaleur du soleil lui suffisent. Mais il doit se procurer des aliments, des vêtements, un logement, etc.

L'homme peut arriver à satisfaire la totalité ou la plus grande partie de ceux de ses besoins dont la satisfaction exige du travail de sa part, car tout besoin est limité, et il n'est pas ordinairement dans la nécessité, pour se procurer tout ce qu'il lui faut pour la satisfaction d'aucun d'eux, de dépenser tout le travail qu'il peut fournir. Cela, il est vrai, ne lui permet pas de les satisfaire tous dès qu'ils se font sentir, s'ils se font sentir tous en même temps ; mais, comme ils sont inégalement impérieux, il n'est pas forcé de les satisfaire tous dès qu'ils se font sentir : il peut immédiatement satisfaire le plus impérieux, et remettre à satisfaire les autres pour un temps plus court ou plus long, selon qu'ils sont plus ou moins impérieux. Il parvient ainsi néanmoins à les satisfaire tous, ou presque tous.

Nos besoins ne peuvent être satisfaits que pour un temps limité ; ils renaissent continuellement. En ce qui concerne ceux dont la satisfaction exige du travail, nous ne pouvons donc satisfaire ceux qui sont moins impérieux que d'autres, que si ces derniers ne renaissent pas trop tôt pour nous en empêcher.

Nos besoins ne sont pas toujours, il est vrai, satisfaits dans leur ordre d'importance Mais cela provient de ce qu'il y en a que l'on ne peut satisfaire, alors qu'on peut en satisfaire de moins impérieux. Ainsi, on a remarqué que les hommes s'étaient parés avant que de se vêtir ; c'est qu'ils ont pu se procurer des objets de parure avant que de pouvoir se procurer des vêtements.

La plupart des économistes donnent aussi le nom de *besoin* à la sensation qui nous porte vers les choses simplement utiles ou agréables. Nous estimons qu'ils ne doivent pas être imités en cela. Sans doute, dans beaucoup de cas, il est inutile de distinguer cette sensation de celle qui nous porte vers les choses nécessaires et, afin d'éviter des répétitions fastidieuses, nous nous abstiendrons nous-même de faire cette distinction, chaque fois que cela se pourra sans inconvénient. Mais la différence qui existe entre l'une et l'autre est trop importante pour que, dans bien des cas, on puisse s'en abstenir, si l'on veut éviter de tomber dans la confusion et l'inexactitude. Par conséquent, lorsqu'il en sera ainsi, nous nommerons *besoin*, la sensation qui nous porte vers les choses nécessaires, et *désir*, celle qui nous porte vers les choses superflues.

Il est peu sage de développer très fortement sa consommation. La satisfaction de nos désirs les transforme, par l'effet de l'habitude, en véritables besoins ; or, plus on a de besoins, plus il est difficile de les satisfaire tous, et plus on est exposé aux privations et aux souffrances qu'elles causent.

CHAPITRE III

COMMENT LES BESOINS DES HOMMES LES METTENT EN OPPOSITION D'INTÉRÊTS ENTRE EUX

Les hommes se trouvent en opposition d'intérêts entre eux au sujet de la satisfaction de leurs besoins, lorsqu'ils veulent faire usage des mêmes choses pour les satisfaire.

Ils ne peuvent pas se conduire ainsi au sujet de tous les objets de consommation. Il y en a, comme l'air, ainsi que la chaleur et la lumière du soleil, qui leur sont fournis par la nature, et qu'elle met à leur disposition de telle sorte qu'ils ne peuvent fixer eux-mêmes la partie de ces objets qu'ils consommeront. Elle met elle-même ces objets à la portée de leur corps ou de leurs organes de telle manière que nul d'entre eux ne peut en utiliser que la partie qui est ainsi mise à sa portée. Le partage de ces choses est ainsi opéré par elle sans qu'ils puissent le modifier. Ils ne peuvent donc s'en disputer la moindre partie.

Ils peuvent se dispenser de se disputer d'autres objets de consommation qui leur sont aussi fournis par la nature, et qu'ils doivent se partager eux-mêmes, lorsque ces objets sont aussi abondants que les besoins l'exigent. Il en est ainsi pour l'eau, dans les localités où elle est abondante.

Mais ils ne peuvent s'en dispenser quand il s'agit d'objets de consommation peu abondants, comme certains objets de consommation fournis par la nature tels que l'eau, quand elle est peu abondante, les fruits sauvages, le gibier, le poisson, et tous ceux qui ne sont pas fournis par la nature, et doivent être produits par eux.

Pour produire ces derniers, ils doivent employer des agents naturels. Parmi ces agents, il en est aussi qui ne peuvent causer aucune opposition d'intérêts entre les hommes, parce qu'ils sont distribués entre eux par la nature. Les autres peuvent aussi ne pas causer d'opposition de ce genre, s'ils sont employés dans l'intérêt commun, comme cela se pratique dans la famille et dans les colonies socialistes, parce que le partage en est alors inutile. Mais quand ils ne sont pas employés de cette manière, les hommes peuvent ou ne peuvent pas éviter de se trouver en opposition d'intérêts entre eux pour leur emploi, selon que ces agents sont en quantité suffisante ou insuffisante.

Lorsqu'il dépend des hommes d'éviter de vouloir faire usage des mêmes choses, objets de consommation fournis par la nature ou agents naturels, il dépend d'eux aussi de vouloir le faire. Ils peuvent donc aussi alors se trouver en opposition d'intérêts entre eux.

Ainsi, les causes de l'opposition d'intérêts qui existe entre les hommes au sujet de leurs besoins, sont qu'ils doivent se partager eux-mêmes, les choses qui servent à satisfaire quelques uns de ces besoins, et qu'ils sont contraints de vouloir faire usage d'une même partie de ces choses, ou simplement, qu'il leur plaît de vouloir le faire.

CHAPITRE IV

DES LOIS NATURELLES DE LA PRODUCTION

L'école économique dite classique ou libérale prétend que les institutions économiques sont gouvernées par des lois naturelles; mais l'école historique ou réaliste prétend qu'il n'en est rien.

Nous produisons, non par caprice ou par fantaisie, mais par nécessité, et toute nécessité tire son origine de la nature. D'autre part, les divers modes de production que nous pouvons employer n'ont pas été créés par nous; ils sont mis à notre disposition par la nature. Enfin, l'opposition d'intérêts qui existe entre les hommes au sujet de l'usage des instruments et du fruit de la production, tire son origine de la nature des choses, et elle ne peut être mise hors d'état de nuire à la production que par des lois positives qui nous sont indiquées aussi par la nature des choses. « Les lois, dit Montes« quieu, sont les rapports nécessaires qui dérivent de la « nature des choses ».

Les inductions que l'école historique tire des faits économiques pour démontrer qu'il n'existe pas de lois naturelles de la production, ne sont nullement exactes. Elle dit que ces faits montrent que l'organisation économique diffère de peuple à peuple, et se modifie continuellement chez chacun d'eux, et que cela prouve qu'il n'existe pas de lois naturelles de la production, puisque le caractère des lois naturelles est d'être universelles et permanentes.

Mais cette conclusion ne serait exacte que si l'on prétendait que les lois positives expriment toujours avec exactitude les lois naturelles qui les rendent nécessaires. Or, cela n'est pas ; on ne sait que trop qu'il n'en est rien. Presque toujours, le législateur se trompe, ou bien il ne leur fait exprimer que les intérêts particuliers d'une partie de la population. En outre, ces lois n'expriment pas toujours toutes les lois naturelles qu'elles doivent exprimer, parce que, chaque fois que la production se modifie, il entre en jeu de nouvelles lois naturelles qu'on n'a pas ressenti le besoin de leur faire exprimer jusque-là. On dit donc seulement que ces lois doivent exprimer des lois naturelles. Par suite, le raisonnement de l'école historique se trouve inexact, car, dans ces conditions, il n'y a pas incompatibilité entre les variations des institutions économiques et l'existence de lois naturelles de la production.

Et non seulement cette incompatibilité n'existe pas, mais les variations des institutions économiques sont la preuve que ces institutions sont gouvernées par des lois naturelles. Si ces institutions se modifient, c'est parce que l'on est contraint de les modifier, et l'on ne peut être contraint de les modifier que parce qu'elles ne sont pas conformes aux lois naturelles de la production.

Ainsi, l'école classique a raison et l'école historique est dans l'erreur : les institutions économiques sont bien gouvernées par des lois naturelles.

Mais, de ce qu'il existe des lois naturelles de la production, il ne suit pas que la doctrine que l'école classique ou libérale base sur l'existence de telles lois soit exacte. Cette école prétend que ces lois sont exprimées par les rapports qui s'établissent spontanément entre les hommes, quand rien n'empêche ceux-ci d'agir comme ils croient que leurs intérêts l'exigent, que, par conséquent, le législateur ne doit pas intervenir dans ces rapports, mais seulement faire ce qui est nécessaire pour qu'ils puissent avoir lieu. Elle tend à admettre que tout est bien présentement, sauf dans quelques cas où le législateur est intervenu à tort et, par suite, d'une manière nuisible à la production.

Il est, en effet, utile à la production que, dans les rapports dont il s'agit, tous les hommes soient libres d'agir suivant leurs intérêts. Mais cette liberté ne peut pas seulement leur être enlevée par une intervention directe du législateur ; elle peut aussi leur être enlevée par son intervention indirecte, car, en leur refusant la propriété de ce qui leur est nécessaire pour en jouir, le législateur peut priver certains hommes de cette liberté. Or, cette école ne condamne que son intervention directe. Sa doctrine est donc incomplète, et, par suite, inexacte.

CHAPITRE V

DE LA MÉTHODE D'INVESTIGATION

Nous avons à déterminer comment on peut, au moyen de lois positives, supprimer les difficultés qui s'élèvent entre les hommes par suite de l'opposition qui se manifeste entre leurs intérêts respectifs.

La première chose à faire pour y parvenir est évidemment de déterminer exactement quelles sont ces difficultés. Cela se fait en examinant les conditions dans lesquelles s'effectuent les diverses opérations de la production, car il peut s'en produire à l'occasion de chacune de ces opérations.

Ces difficultés une fois connues, on peut chercher le moyen de les supprimer. Ce n'est qu'en supprimant la cause qui les produit qu'on peut les faire disparaître ; il faut donc, pour obtenir ce résultat, rechercher cette cause, afin de la supprimer. Cette cause résidant dans la nature des choses au sujet desquelles elles se produisent, ce n'est qu'en examinant la nature de ces choses que nous pouvons trouver le moyen de les faire disparaître.

Quoique assignant à l'économie politique un but autre que celui que nous venons d'indiquer, c'est de cette manière que procède l'école libérale : c'est en remontant aux causes des faits économiques, qu'elle prétend démontrer que l'intervention du législateur doit être réduite le plus possible ; elle se borne seulement à ne pousser cette recherche que jusqu'au point où cela lui est nécessaire pour justifier sa doctrine.

Mais l'école historique conteste la valeur de cette méthode. Cette école ne saurait admettre une telle manière de procéder, puisque, comme nous l'avons dit, elle nie qu'il existe des lois naturelles en économie politique, et que cette méthode repose sur l'examen de la nature des choses qui font l'objet des difficultés à supprimer. Aussi prétend-elle que les seules choses qui permettent de déterminer les perfectionnements à apporter à la législation, ce sont les effets des lois qui ont existé ou qui existent, lesquels nous sont indiqués par l'histoire, les récits des voyageurs et la statistique.

Or, cette méthode est absolument insuffisante. Lorsqu'il s'est agi d'établir les premières lois, les hommes n'ont évidemment pas pu se guider sur les effets des lois ayant existé ou des lois existantes. Il en a encore été de même dans la suite, chaque fois qu'il s'est agi de supprimer des difficultés nouvelles, puisque les lois antérieures se rapportaient à la solution d'autres difficultés. Enfin, même quand il s'agit de difficultés que l'on a essayé de résoudre, cette méthode est insuffisante.

Quoi que paraisse en dire M. de Laveleye, il ne saurait être question de faire simplement un choix parmi les lois qui ont existé ou qui existent. S'il en était ainsi, tout progrès dans la législation deviendrait impossible, et l'humanité serait condamnée à tourner indéfiniment dans le même cercle. Les services que rendrait alors l'économie politique seraient de bien minime importance. Il faut donc admettre que l'école historique croit pouvoir déterminer, par ce moyen, quels sont les progrès qui peuvent être opérés dans la législation.

Or, cela est impossible. Les effets des lois défectueuses nous apprennent bien que certaines solutions des questions à résoudre sont inexactes, ce qui est un renseignement précieux sans doute, car cela restreint le champ dans lequel nous pouvons errer. Mais ils ne nous apprennent pas ce qui doit être fait, et il faut toujours recourir à la recherche des causes pour être fixé sur ce point.

Ce que l'école historique présente comme une méthode suffisante et complète, n'est en réalité, qu'une partie de la méthode à employer : celle qui consiste dans la vérification des solutions basées sur la recherche des causes.

CHAPITRE VI

DES RICHESSES

On ne peut s'occuper de l'opposition d'intérêts que font naître entre les hommes la plupart de leurs besoins, sans avoir à désigner les choses qui servent à satisfaire ces besoins ; il faut donc donner un nom à ces choses. On dit ordinairement qu'elles constituent la *richesse*, quand on considère l'ensemble qu'elles forment, et qu'elles sont des *richesses*, lorsqu'on les considère comme diverses, mais ayant une destination commune.

Ce terme est peu propre à un tel usage On s'en sert aussi pour désigner l'état de l'homme possédant assez de ces choses pour pouvoir satisfaire complètement ses besoins, comparativement à l'état où il serait, s'il n'en possédait qu'une quantité insuffisante. En l'employant aussi pour désigner ces choses, on est amené à dire que ceux qui ne sont pas dans la situation que l'on nomme *richesse* possèdent néanmoins des *richesses*, puisque les plus pauvres des hommes possèdent au moins quelques haillons; et une telle manière de s'exprimer manque évidemment de clarté. Cependant, comme ce terme est généralement employé dans ce sens, il y a moins d'inconvénient à l'y employer qu'à employer un terme nouveau, et nous l'y emploierons aussi.

Mais, avant d'aller plus loin, il est nécessaire de bien préciser ce que l'on entend par ce terme dans ce cas, afin d'éviter toute confusion et toute obscurité.

Le but de l'économie politique étant de faciliter la multiplication des choses nécessaires à la satisfaction des besoins qui donnent naissance à l'opposition des intérêts respectifs des hommes, dès que l'on désigne ces choses par le terme des *richesses*, il y a des choses qui sont propres à la satisfaction de quelques-uns de nos besoins, il y en a même qui y sont employées, qui ne font pas partie des richesses.

1° Il existe des choses qui servent ou peuvent servir à la satisfaction des besoins et qui ne font pas partie des richesses, parce que l'emploi de ces choses ne donne naissance à aucune opposition d'intérêts. Tels sont les objets de consommation naturels dont le partage s'opère automatiquement, et ceux dont le partage s'opère artificiellement, mais qui sont aussi abondants que les besoins l'exigent.

2° Il existe des choses qui sont propres à la satisfaction de certains besoins, qui sont aussi une cause d'opposition d'intérêts, et qui ne font pas partie des richesses. Ces choses sont celles dont l'économie politique n'a pas pour but la multiplication, comme les agents naturels et les produits qui sont, les uns et les autres, en excédent des besoins.

Pour éviter toute confusion et toute obscurité, on doit donc définir les richesses : *les choses qui donnent naissance à une opposition entre les intérêts respectifs des hommes, et dont l'économie politique a pour but la multiplication*.

Cette définition nous met à même de déterminer quels sont les objets qui font partie des richesses. Ces objets sont : 1° les objets de consommation naturels dont le partage s'opère artificiellement, lorsque ces objets sont moins abondants que les besoins ne l'exigent ; 2° les agents naturels et les produits qui ne sont pas en excédent des besoins. Cela nous permet d'établir à quels caractères on reconnaît les choses qui font partie des richesses :

1° Les richesses sont utiles. On nomme *utilité* la qualité que possèdent certaines choses de pouvoir satisfaire les besoins. On ne se dispute pas les choses qui ne possèdent pas cette qualité et l'on ne songe pas à les multiplier.

2° Les richesses sont multipliables, puisqu'elles font l'objet de l'économie politique et que cette science a pour but la multiplication des choses dont elle s'occupe. On peut évidemment multiplier les produits en travaillant davantage ou en employant de meilleures méthodes de production quand les lois le permettent. On peut aussi augmenter la quantité des agents naturels employés. On peut enfin augmenter la quantité des objets de consommation naturels partageables, qui sont en quantité insuffisante dans certains lieux, en en transportant des lieux où ils sont en excès, dans ceux où ils sont en quantité insuffisante.

Il existe des richesses qui ne peuvent pas être multipliées, comme de certaines pièces de collection. Mais ce ne sont pas de véritables richesses, car elles ne sont demandées que parce que certains consommateurs possèdent plus de richesses réelles qu'il ne leur en faut.

3° Enfin, les richesses ne sont pas en excédent des besoins. L'économie politique, en effet, a pour but de rendre suffisante la quantité des choses nécessaires, et non de la rendre excessive. On dit quelquefois que les richesses sont en quantité limitée. Cette expression est analogue à celle que nous employons sans y être identique, car des choses en quantité limitée peuvent être néanmoins plus abondantes que les besoins ne l'exigent.

On dit encore que les richesses sont des choses échangeables ou transmissibles. Cela est inexact, car il existe des choses qui font incontestablement partie des richesses et qui ne sont pas échangeables. Les voies de communication, par exemple, sont dans ce cas : elles font partie des choses qui font l'objet de l'économie politique, car elles donnent naissance à l'opposition des intérêts particuliers sinon pour leur emploi, du moins pour leur création et pour leur entretien. Cependant, elles ne sont pas échangeables. Il en est de même de la partie des agents naturels partageables, plus abondants que les besoins ne l'exigent, qui est nécessaire à la satisfaction des besoins.

Quelques économistes rangent parmi les richesses, certaines choses que les hommes ne peuvent multiplier, comme un air plus pur, un climat doux et salubre. Cela paraît être le résultat d'une confusion. Sans doute, quand on compare au point de vue de l'état de fortune dénommé *richesse* la situation respective de deux hommes ou de deux peuples, on doit tenir compte de ces choses, car celui qui les possède peut satisfaire ses besoins plus complètement et mieux que l'autre. Mais l'économie politique ne s'occupe pas de telles comparaisons; son objet, c'est la satisfaction des besoins de l'humanité tout entière; or, elle ne peut y atteindre par le moyen de ces choses, puisqu'elle ne peut faire que l'on puisse les multiplier, ni même qu'il en soit fait un usage plus complet.

On demande si le travail fait partie des richesses. Le travail est, tantôt un objet de consommation par lui-même, comme le jeu d'un acteur, d'un musicien, tantôt un acte produisant des objets de consommation, comme des aliments, des vêtements, etc. Dans le premier cas, il fait partie des richesses; mais dans le second, il n'en fait pas partie, car ce sont alors les objets de consommation qu'il a produits qui en font partie, et il se trouve représenté par eux parmi les richesses.

Parmi les travaux qui ne font pas partie des richesses, il faut compter, non seulement ceux qui produisent directement des objets matériels, mais encore une foule d'autres, qui en produisent indirectement. Ainsi les travaux des médecins, des professeurs, des magistrats, des gendarmes, etc., ne font pas partie des richesses lorsqu'ils sont effectués au profit de gens qui travaillent, parce qu'ils permettent à ces derniers de produire davantage, et se trouvent ainsi représentés parmi les richesses, par une partie du fruit du travail de ceux au profit desquels ils ont lieu.

Il faut remarquer que, lorsqu'il fait par lui-même partie des richesses, le travail diffère des autres richesses en ce sens qu'il n'est pas accumulable. Mais comme il n'est pas nécessaire qu'une chose soit accumulable pour faire partie des richesses, cela ne l'empêche nullement d'en faire partie.

CHAPITRE VII

DES DIVISIONS DE L'ÉCONOMIE POLITIQUE

Pour produire ce dont ils ont besoin ou ce qu'ils désirent, les hommes doivent faire trois choses :

1° Employer des agents naturels ;

2° Diviser le travail ;

3° Se créer des capitaux.

Ils peuvent évidemment se trouver en opposition d'intérêts lorsqu'ils veulent faire chacune de ces trois choses ; les recherches de l'économie politique doivent donc avoir lieu dans trois cas. Par conséquent, cette science devrait se diviser en trois parties.

Il suffit, en effet, de traiter de ces trois cas pour découvrir toutes les causes d'opposition d'intérêts entre les hommes auxquelles la production donne naissance, et, par suite, pour pouvoir déterminer quelles sont les lois qui doivent être établies à ce sujet.

Mais, parmi les causes qui rendent nécessaire l'étude de cette science, il en est une qui frappe l'attention beaucoup plus que les autres. Elle l'emporte même à ce point sur les autres, qu'elle paraît être la seule question qu'ait à résoudre l'économie politique. Cette cause est la condition des salariés.

Or, on a cherché à résoudre cette question d'un grand nombre de manières, tantôt sans l'intervention de la loi, tantôt en ayant recours à cette intervention, mais toujours sans remonter aux causes de cette situation. Il ne saurait être inutile de démontrer que de tels moyens sont insuffisants, car beaucoup de gens croient encore à leur efficacité. Nous ajouterons donc une quatrième partie à notre travail, pour effectuer cette démonstration.

LIVRE PREMIER

DE L'EMPLOI DES AGENTS NATURELS

CHAPITRE PREMIER

QUE L'EMPLOI DES AGENTS NATURELS REND NÉCESSAIRE L'ÉTABLISSEMENT DE LOIS

Nous ne pouvons nous procurer d'objets de consommation qu'au moyen de certains instruments que l'on nomme *agents naturels*, et dont le plus important est le sol cultivable. Il en est ainsi non seulement pour ceux de ces objets que nous devons produire, mais encore pour ceux des autres dont le partage s'opère par nos soins. Ainsi, pour nous procurer de l'eau, des pierres, de la houille, nous devons d'abord disposer du sol qui contient ces choses, et ce sol remplit ainsi le rôle d'agent naturel. Pour les fruits sauvages, le gibier, le poisson, le sol qui les porte est aussi un agent naturel pour nous, puisque nous devons en faire usage pour nous emparer de ces choses.

Même lorsqu'il a lieu dans l'intérêt particulier, l'emploi de ces agents peut quelquefois ne pas causer d'opposition d'intérêts. Il en est ainsi lorsque les hommes sont peu nombreux, et que les moyens de production qu'ils emploient sont la cueillette, la chasse, la pêche, l'élevage des troupeaux. Par ces moyens de production, le fruit du travail étant immédiatement séparé du sol, les hommes n'ont pas, tant qu'ils sont peu nombreux, à se disputer celui-ci, pour s'assurer la propriété de ce fruit, et ils peuvent en faire usage en commun.

Mais, dès qu'ils deviennent nombreux, cela ne se peut plus. Ils doivent alors, pour pouvoir vivre, s'étendre sur de grands espaces, et former plusieurs sociétés. Pour que cette dispersion leur soit utile, il faut que chacune de ces sociétés ait la disposition exclusive d'une partie des agents naturels, et les diverses sociétés se trouvent en opposition d'intérêts entre elles, pour l'emploi de ces agents.

Enfin, quand cette dispersion des hommes ne suffit plus à leur permettre de se procurer le nécessaire, ils doivent recourir à l'agriculture. Or, par ce mode de production, le travail se trouve incorporé au sol pendant longtemps, et, pour que les objets de consommation qui doivent en résulter soient la propriété du travailleur, il faut que chacun ait la disposition exclusive d'une partie de ces agents, et les hommes se trouvent en opposition d'intérêts entre eux pour l'emploi de ces agents. Cette opposition a lieu d'abord entre les familles ; mais lorsque les enfants quittent le toit paternel, elle apparaît entre les individus.

Pour que les hommes puissent faire usage des agents naturels de manière à rendre la production suffisante, il faut donc qu'il soit établi des lois concernant l'emploi de ces agents.

CHAPITRE II

DE L'ORGANISATION PRÉSENTE DE LA PROPRIÉTÉ DES AGENTS NATURELS

L'opposition d'intérêts qui existe entre les hommes au sujet de l'emploi des agents naturels, ne peut être supprimée que par le partage égal de ces agents entre tous. Elle ne disparaît que si les intérêts de tous sont également satisfaits. S'il n'en est pas ainsi, les intérêts des uns se trouvent subordonnés à ceux des autres et, par conséquent, restent en opposition avec ceux-ci. Or, ce n'est que par le partage égal que, au sujet des agents naturels, tous les intérêts peuvent être également satisfaits.

Cette opposition n'est pas supprimée lorsqu'on se borne à partager les biens de chaque famille entre ses membres, et cela, même lorsque les agents naturels ont d'abord été répartis également entre les familles, car ces agents ne sont pas alors répartis également entre tous les individus. Certaines familles s'enrichissent ou restent peu nombreuses, alors que d'autres s'appauvrissent ou deviennent nombreuses, et il résulte de cela que les parts d'agents naturels des membres des premières sont plus fortes que celles des membres des secondes.

Or, non seulement on se borne aujourd'hui à partager les biens de la famille entre ses membres, mais il n'y a pas eu d'abord de partage égal entre les familles. Fondée, au moins en grande partie par la conquête, par la confiscation, par l'usurpation, la propriété des agents naturels s'est trouvée, dès le début, concentrée entre les mains d'un petit nombre de familles, et elle se trouve encore aujourd'hui dans cet état, Il résulte de cela qu'il existe aujourd'hui une très vive opposition d'intérêts entre les hommes, au sujet de ces choses. Il est donc actuellement nécessaire, dans l'intérêt de la production, de réformer celles des lois actuelles qui organisent la propriété de ces agents.

On élève contre le partage égal des biens de succession, plusieurs objections auxquelles il convient de répondre.

On dit d'abord que la suppression de l'héritage et du droit de tester est impossible, parce que les parents dénatureront leurs biens pour les transmettre, pendant leur existence, d'une manière clandestine, à leurs enfants. Mais ces transmissions clandestines ne sont pas très faciles, car elles présentent de graves inconvénients pour les parents, qu'elles mettent à la merci des enfants. Déjà aujourd'hui, des parents qui voudraient s'y livrer, ne le font pas, pour ce motif. D'autre part, elles ne sont possibles que parce que l'Etat tolère un usage qui est un véritable abus : il est permis actuellement aux particuliers de lui cacher, par le moyen de la propriété anonyme, ce qu'ils possèdent. Or, la mission de l'Etat comprend l'obligation d'assurer à chacun la paisible possession de ce qui lui appartient. L'Etat ne peut évidemment remplir cette obligation que s'il connaît les biens que chacun possède ; il a donc le droit de savoir quels sont ces biens. Il est évident que si l'Etat faisait usage de ce droit, aucune transmission clandestine ne serait possible.

On dit ensuite que si les parents ne peuvent plus transmettre leurs biens à leurs enfants, ils travailleront et épargneront moins. Il peut se faire qu'il en soit ainsi, bien qu'on ne voie pas que les célibataires et les époux sans enfants travaillent et épargnent moins que d'autres. Mais s'il en est ainsi, les enfants devront travailler et épargner davantage, et il sera toujours travaillé et épargné autant ; de sorte qu'il ne se produira aucune diminution de l'abondance des richesses.

Bien mieux, cette abondance deviendra plus grande. Il y a présentement des familles dont jamais les membres ne travaillent ni n'épargnent, chaque génération de ces familles se bornant à transmettre à celle qui la suit, les biens qu'elles a reçus de celle qui la précédait; biens qui sont assez abondants pour leur permettre à toutes de vivre sans travailler et sans épargner. Si l'héritage était supprimé, les membres de ces familles devraient travailler et épargner, et le nombre des travailleurs et des épargneurs serait plus grand.

On dit encore que l'héritage est nécessaire, parce que, sans lui, il ne peut exister de grandes fortunes, et que les grandes fortunes sont nécessaires pour inciter les hommes au travail, pour que les travaux du gouvernement et de la diplomatie puissent être effectués, pour que le luxe et les beaux-arts puissent se développer.

Ce ne sont pas les grandes fortunes qui incitent au travail ; car la plupart des travailleurs savent bien que, quoi qu'ils fassent, ils ne pourront amasser de grandes richesses. Chacun cherche à égaler ceux qui sont immédiatement au-dessus de lui, et ce n'est que lorsqu'il a gravi un échelon, qu'il songe à en gravir un deuxième.

Le haut luxe et les beaux-arts auraient sans doute à souffrir de la disparition des grandes fortunes, si l'on admet que les artistes et les artisans ne peuvent avoir de talent qu'à la condition d'être largement rémunérés, mais on ne peut réellement sacrifier à ces choses l'abondance de la production et le bien-être de la majorité des hommes.

Quant aux travaux du gouvernement et de la diplomatie, bien loin de ne plus trouver d'hommes pour les effectuer, on en trouverait davantage. Le partage égal des biens de succession permettrait à tous les hommes supérieurs d'émerger de la foule, et si le manque de fortune était un inconvénient pour ceux qui veulent effectuer ces travaux, cet inconvénient serait compensé par une capacité plus grande.

Les grandes fortunes ne sont pas utiles à la production ; elles y sont nuisibles. Elles ne peuvent exister qu'à la condition que beaucoup de gens travaillent avec des agents naturels et des capitaux appartenant à autrui, et, par suite, qu'en abandonnant une partie du fruit de leur travail à autrui. Il résulte de cela que les faibles qui produisent trop peu pour pouvoir abandonner une partie du fruit de leur travail, ne peuvent pas produire. De plus, elles font que certains hommes possèdent les moyens de satisfaire leurs vices et s'y abandonnent, et que d'autres, pour pouvoir vivre, sont contraints de se prêter aux débauches des premiers, et deviennent aussi corrompus qu'eux. De là naît la production de richesses factices, si de telles choses peuvent s'appeler des richesses, et, par suite, la diminution de la production de richesses réelles.

Le partage égal des agents naturels n'est pas seulement favorable à la production en faisant disparaître l'opposition d'intérêts qui l'entrave ; il y est encore favorable en facilitant la mise en exploitation des agents naturels disponibles.

Il est avantageux à la production que ces agents soient mis en exploitation. Cela est même parfois nécessaire, car lorsque les hommes se trouvent resserrés sur un espace trop restreint pour leur nombre, ils sont contraints de dépenser beaucoup de travail pour faire produire à la terre les objets de consommation qu'ils doivent lui demander, et ils ne peuvent pas produire autant que s'ils s'étendaient davantage. La colonisation est donc nécessaire au développement de la production.

Les particuliers, réduits à leurs seules forces, ont peu de succès quand ils tentent de coloniser. On ne peut mettre en culture de nouvelles terres que si ces terres sont reliées aux pays habités par des voies de communication ; même souvent par des moyens de transport, et les particuliers qui veulent coloniser ne sont pas, en général, capables de construire de telles voies et d'organiser des moyens de transport. De plus, quand la division du travail existe, tout le monde y est habitué et nul ne peut plus s'en passer. La colonisation ne peut plus alors s'effectuer que si elle est organisée avec une division au moins rudimentaire du travail, et les particuliers qui veulent coloniser ne sont pas à même de s'organiser de cette manière. Enfin, la colonisation ne peut aussi s'effectuer avec des chances sérieuses de succès que si les diverses sortes d'agents naturels disponibles sont mises en exploitation dans un ordre déterminé. On peut toujours mettre en exploitation des terres donnant des produits variés, céréales, légumes, racines, fruits, viande, textiles, car le cultivateur, pouvant consommer lui-même une grande partie de ses produits, n'a besoin d'en échanger que peu, et, par suite, n'a que peu de chose à craindre de la concurrence, ce qui fait que ses risques d'insuccès sont minimes. Mais il n'en est pas ainsi pour le viticulteur, le planteur, l'exploitant des forêts ou du sous-sol. Ces producteurs doivent échanger la plus grande partie de leurs produits ; quelques-uns même doivent en échanger la totalité ; ils ont donc beaucoup à craindre de la concurrence, et leurs risques d'insuccès sont grands. Il est donc bon, quand cela se peut, que la colonisation débute par l'exploitation agricole proprement dite. Non seulement cette exploitation a plus de chances de succès que les autres, mais elle augmente les chances de succès de ces dernières, en installant des consommateurs à proximité des lieux où elles se trouvent. Les travailleurs qui veulent coloniser ne peuvent pas faire que la colonisation suive cette marche ; chacun d'eux cherche à coloniser de la manière que ses aptitudes lui rendent plus commode, et la colonisation a lieu sans aucune direction d'ensemble.

Si les agents naturels devaient être répartis également entre tous, l'Etat qui, seul, pourrait être chargé de cette répartition, aurait à s'occuper de la mise en exploitation de ceux de ces agents qui resteraient disponibles, car, pour pouvoir obliger ses membres à les accepter, il devrait en rendre l'exploitation aussi facile que celle de ceux qui seraient déjà exploités. Or, l'Etat peut, sans difficulté aucune, construire des voies de communication, créer des moyens de transport, organiser la colonisation par groupes renfermant les éléments de la division du travail, et enfin, assurer la mise en exploitation des agents naturels dans l'ordre le plus avantageux.

CHAPITRE III

DE LA RENTE

En outre de ce qu'elle laisse subsister l'opposition d'intérêts qui se manifeste au sujet de l'emploi des agents naturels, l'organisation actuelle de la propriété donne naissance à une rente artificielle, qui est également nuisible à la production.

Lorsqu'un objet de consommation est peu abondant, les producteurs d'autres objets de consommation enchérissent les uns sur les autres pour se le procurer, et ils donnent ainsi, dans l'échange, plus de travail qu'ils n'en reçoivent. Lorsque la rareté de cet objet est due à l'insuffisance des agents naturels employés à le produire, ces conditions d'échange sont permanentes, et l'excédent de travail donné par ceux qui demandent l'objet peu abondant, prend le nom de *rente*.

Le possesseur d'agents naturels donnant une rente peut se procurer des ressources sans travailler, car il peut trouver des travailleurs qui se chargent d'exploiter ces agents en lui en abandonnant la rente. Ces travailleurs tirent, dans ces conditions, autant de ressources de leur travail qu'ils en tireraient, s'ils l'employaient à exploiter des agents naturels leur appartenant, mais ne donnant pas de rente.

La rente n'apparaît pas seulement lorsque l'agent naturel employé se trouve en quantité insuffisante. Il peut se faire que cet agent ne soit pas de même qualité dans toutes ses parties, et, dans ce cas, la rente apparaît dès que la partie qui est de première qualité est insuffisante pour produire ce qui est nécessaire à la satisfaction des besoins de tous.

Prenons pour exemple la terre cultivable, qui est dans ce cas. On a mis d'abord en culture les terres de première qualité. Lorsque toutes ces terres se sont trouvées exploitées, il a fallu, pour faire face à l'augmentation des besoins, mettre en culture celles de seconde qualité, et cela n'a pu se faire sans que les premières donnassent une rente. L'homme n'emploie son travail à la production d'un objet quelconque que si cette production lui donne au moins autant de revenu que celle de tout autre objet. Tant que les terres de première qualité suffisent, le prix des produits agricoles est fixé de manière à ce qu'il en soit ainsi pour ceux qui exploitent ces terres. Mais ce prix ne permet pas que les terres de seconde qualité soient mises en culture, puisqu'elles donnent moins de produits. Il faut donc, pour qu'elles y soient mises, que ce prix augmente. Or, cette augmentation fait que ceux qui exploitent les terres de première qualité reçoivent, dans l'échange, plus de travail qu'ils n'en donnent, et que, par conséquent, ces terres donnent une rente.

Lorsque les terres de seconde qualité se trouvent, à leur tour, toutes cultivées, il faut, pour faire face à l'augmentation des besoins, mettre en culture celles de troisième qualité ; cela ne se peut qu'au prix d'une nouvelle augmentation de la valeur des produits agricoles, et cette augmentation nouvelle fait que les terres de première qualité donnent une rente plus élevée, et que celles de seconde qualité en donnent une. Il en est ensuite de même chaque fois qu'il faut mettre en culture une nouvelle qualité de terres : parmi les terres déjà cultivées, celles qui donnaient déjà une rente en donnent une plus élevée, et celles qui n'en donnaient pas en donnent une. Les choses se passent ainsi jusqu'à ce que toutes les terres étant cultivées, on ne puisse plus entraver le développement de la rente par la mise en culture de nouvelles terres, ce qui a naturellement pour effet de lui permettre d'augmenter avec plus de rapidité.

On combat l'augmentation de la rente, non seulement en mettant en exploitation des terres nouvelles, mais encore en perfectionnant le mode d'exploitation de celles qui sont déjà cultivées. On en augmente la production en dépensant une plus grande quantité de travail relativement à l'étendue cultivée, c'est-à-dire en remplaçant la culture extensive par la culture intensive, et la culture intensive par la culture maraîchère. On obtient ainsi une plus grande quantité de produits sans augmenter la surface cultivée, et l'on a moins besoin d'augmenter cette dernière pour faire face à l'augmentation de la consommation. Mais cela ne se peut évidemment que dans une certaine limite. Il faut, au travail, une certaine étendue de terre pour donner son maximum de produits; si l'on restreint cette étendue, on obtient plus de produits, relativement à la surface cultivée; mais on en obtient moins, relativement au travail dépensé. Or, c'est avec ce que le travail produit que le travailleur doit vivre. Il arrive donc un moment où l'on ne peut plus restreindre cette étendue et où il faut laisser la valeur des produits agricoles et la rente reprendre leur marche ascendante.

La différence de situation des terres, relativement aux marchés où s'écoulent leurs produits, cause les mêmes effets que leur différence de qualité. L'exploitation des terres coûte plus ou moins de travail pour le transport de leurs produits, selon qu'elles sont plus éloignées ou plus rapprochées de ces marchés, et l'on met d'abord en culture les plus rapprochées. Lorsque ces terres ne peuvent plus donner une production suffisante, le prix des produits augmente et la rente apparaît, puis se développe autant que le lui permet la mise en culture de terres nouvelles. On a aussi recours dans ce cas, pour entraver le développement de la rente, au perfectionnement des méthodes de culture. Mais l'efficacité des moyens de limiter la rente est aussi, dans ce cas, limitée, et la rente provenant de cette cause doit aussi finir par augmenter sans arrêt.

Quelques économistes ont nié l'existence de la rente. Ils ont prétendu que le fermage était uniquement l'intérêt du capital incorporé au sol. Mais leur assertion est en contradiction avec les faits. Il est payé une redevance très élevée pour des terres auxquelles il n'est incorporé qu'un très faible capital, et même aucun capital, tandis qu'il n'en est payé qu'une très faible pour d'autres terres auxquelles il est incorporé beaucoup de capitaux. La redevance payée n'est uniquement le loyer du capital incorporé au sol, que lorsqu'il existe des terres non appropriées, de la même qualité que celles pour lesquelles on paye cette redevance.

D'un autre côté, M. de Laveleye dit que la rente est l'excédent du produit sur les frais de production. C'est confondre la rente avec le produit net, qui est une chose toute différente. La rente est l'excédent du revenu de l'exploitant d'agents naturels peu abondants, sur celui de l'exploitant d'agents naturels abondants ; le produit net est ce que l'on produit en sus de ce que l'on consomme. Ces deux choses sont absolument différentes : rien, en effet, ne s'oppose d'une manière absolue, à ce que le travailleur qui exploite des agents naturels abondants, produise plus qu'il ne consomme.

Anderson, Ricardo et Stuart Mill ont exposé et développé une théorie de la formation de la rente qui est connue sous le nom de *théorie de Ricardo*. D'après eux, on met d'abord en culture les meilleures terres. Malgré la supériorité de qualité de ces terres, le cultivateur, tant qu'il en reste de disponibles, ne tire pas plus de ressources de son travail que les autres travailleurs, car, dès qu'il en est autrement, ceux-ci se mettent à cultiver les terres disponibles, ce qui fait baisser la valeur des produits agricoles et augmenter celle des autres. Mais la population augmentant sans cesse, il arrive que toutes ces terres sont cultivées. Alors, les produits agricoles, plus demandés, augmentent de valeur, et il devient avantageux de mettre en culture les terres de deuxième qualité. Mais comme tous les produits semblables se vendent au même prix, les terres de la première qualité donnent alors un produit plus grand que celles de seconde qualité, et la différence est la rente.

D'après cette théorie, la rente n'apparaîtrait que lorsque les terres de deuxième qualité commencent à rapporter. Mais c'est l'augmentation de la valeur des produits agricoles qui permet de mettre ces terres en culture, et ces économistes le reconnaissent eux-mêmes. D'autre part, il est bien certain que ce n'est pas la mise en culture de ces terres qui fait augmenter la valeur des produits, car il n'est pas d'usage que la multiplication des produits en fasse augmenter la valeur : on convient généralement, au contraire, qu'elle produit l'effet inverse. Les terres de première qualité donnent donc au moins autant de revenu au moment où l'on ressent le besoin de mettre en culture les terres de seconde qualité qu'au moment où ces dernières donnent un produit. Or, on ne voit pas pourquoi la partie du revenu que donnent les terres de première qualité, qui est de la rente lorsque les terres de seconde qualité donnent un produit, n'en serait pas aussi, lorsque ces dernières ne donnent pas encore de produit.

N'est-il pas évident que, tant que le produit des terres de première qualité n'a pas assez augmenté pour que l'on puisse mettre en culture les terres de deuxième qualité, il est plus avantageux au travailleur de cultiver des terres de première qualité, en abandonnant au propriétaire le montant de l'augmentation du prix qui s'est déjà produite, c'est-à-dire en payant une rente, que d'exploiter des terres de seconde qualité ?

La rente ne provient donc pas de la différence de qualité des terres ; cette différence est seulement cause qu'il existe des taux différents de la rente.

Lorsque les agents naturels sont également partagés entre tous, la rente n'empêche pas que le fruit du travail soit au travailleur. L'augmentation de la valeur des produits fait augmenter celle de l'agent en quantité insuffisante, et les agents naturels étant répartis d'après leur valeur, cet agent forme alors un plus grand nombre de parts qu'auparavant, de sorte que la part de chacun de ceux qui l'exploitent se trouve diminuée. Il résulte de cela qu'avec autant de travail qu'auparavant, ces travailleurs obtiennent moins de produits ; ce qui fait que, malgré l'augmentation de la valeur de ces produits, ils ne se procurent pas, à travail égal, plus de revenu que ceux qui exploitent d'autres agents.

Mais la propriété peut être organisée de manière à donner naissance à une rente artificielle. Cela se produit quand elle est constituée en monopole, ce qui a lieu en deux manières.

La propriété est constituée en monopole d'abord lorsque les agents naturels sont la propriété exclusive d'une partie des hommes, et que cette propriété se transmet à leurs descendants ou à ceux qu'ils désignent. La propriété constitue ensuite un monopole lorsque les agents naturels exploités sont la propriété de ceux qui les exploitent, et que cette propriété passe à leurs descendants ou à ceux qu'ils désignent. Lorsque, dans ce dernier cas, tous les agents naturels se trouvent exploités, ils sont encore la propriété exclusive d'une partie des hommes.

Lorsque les agents naturels sont appropriés en totalité avant que d'être exploités, on ne peut, par suite des exigences des propriétaires, en mettre aucune partie en exploitation sans payer une rente. Tout agent naturel qui est alors mis en exploitation donne donc une rente artificielle avant que de donner la rente naturelle que cause l'augmentation des besoins.

Lorsque les agents naturels sont tous appropriés, parce qu'ils sont tous exploités, il n'existe plus de concurrence qui oblige les propriétaires à se contenter de la rente naturelle, et les prix des produits augmentent non seulement par suite de l'augmentation des offres des consommateurs, mais encore par l'effet de la volonté des propriétaires, de sorte qu'à la rente naturelle, vient encore se joindre une rente artificielle.

L'établissement de cette rente artificielle fait que le fruit du travail n'est plus en entier au travailleur. Ce dernier n'a plus alors moins parce que le travail produit moins, comme lorsque les agents naturels sont également répartis entre tous, puisque les parts n'étant pas réduites, le travail ne produit pas moins ; il a moins parce qu'il est contraint d'abandonner une partie du fruit de son travail au propriétaire des agents naturels.

Comme il arrive toujours lorsque le fruit du travail n'est pas en entier au travailleur, le développement de la production se trouve alors entravé. Les propriétaires qui sont capables de travailler s'en dispensent. Des travailleurs faibles sont mis dans l'impossibilité de pourvoir à leurs besoins et doivent cesser de produire. Lorsque la valeur des produits doit augmenter pour qu'il soit mis en culture une nouvelle qualité de terre, cette augmentation se produit plus difficilement, parce que le nombre des consommateurs qui ne peuvent pas augmenter leurs offres est plus grand. Enfin, la production se développe aussi plus lentement, parce que l'exploitation des agents naturels comporte des améliorations dont le produit ne s'obtient qu'au bout de longtemps, et que les exploitants non propriétaires n'ont aucun intérêt à réaliser de telles améliorations, puisque les agents naturels peuvent leur être enlevés avant qu'elles leur aient donné aucun profit.

CHAPITRE IV

DE LA RÉFORME DE LA PROPRIÉTÉ DES AGENTS NATURELS

Les maux que cause l'organisation actuelle de la propriété des agents naturels font que, depuis longtemps, il est fait des efforts pour en obtenir la réforme. Mais aucun de ceux qui se sont proposé de déterminer en quoi devait consister cette réforme, n'a songé pour cela, au perfectionnement de la propriété individuelle ; tous, au contraire, ont cru qu'elle devait consister dans la suppression plus ou moins complète de cette forme de la propriété, et il est résulté de cela, des projets de réforme impraticables.

Parmi les auteurs de ces projets, les uns ont cru qu'une même forme de la propriété pouvait s'appliquer à toutes les richesses, quoique celles-ci ne soient pas toutes de même nature; les autres ont cru, comme nous, que cela ne se pouvait pas, mais ont adopté une division des richesses différente de la nôtre. Pour nous rendre compte des effets de ces projets, au point de vue de la propriété des agents naturels, ce sont donc les effets qu'ils produiraient au point de vue de la propriété en général, ou de celle d'une partie des richesses comprenant autre chose que les agents naturels, que nous devons chercher.

Nous devons d'ailleurs reconnaître que ce que nous

avons dit de la propriété au sujet des agents naturels s'applique aussi à ce qui subsiste du fruit du travail des générations disparues. Ce fruit, ne provenant pas du travail de ceux qui s'en disputent la propriété, se trouve ainsi à leur égard dans la même situation que les agents naturels. Au point de vue de la propriété, les richesses se divisent en réalité de la manière suivante : celles qui ne proviennent pas du travail des concurrents, et celles qui proviennent de ce travail.

On a d'abord proposé l'établissement de la propriété commune absolue. Dans ce système, les agents naturels et les capitaux deviendraient et resteraient une propriété commune, et les objets de consommation seraient une propriété commune jusqu'au moment où ils seraient distribués entre les membres de la société pour être consommés. On demanderait à chacun suivant ses forces et on lui donnerait suivant ses besoins, ce qui ferait évidemment disparaître l'inégalité de distribution qui cause tant de maux. Ce serait l'application à la société du mode de production et de répartition qui est usité dans la famille.

Ce régime rendrait évidemment tout monopole impossible, puisque les agents naturels et ce qui subsiste du fruit du travail des générations disparues, c'est-à-dire, les biens de succession, seraient la propriété de tout le monde. Ce régime ferait donc disparaître la rente artificielle et serait ainsi utile à la production. Il ferait même disparaître la rente naturelle, car les produits peu abondants n'éprouveraient plus de plusvalue puisqu'il n'y aurait plus d'échange. Toutefois, comme il faudrait toujours que l'insuffisance des agents naturels se fit sentir, au lieu que quelques-uns eussent autant de produits peu abondants qu'ils en désireraient et que d'autres fussent contraints de s'en passer, tout le monde devrait se contenter d'en recevoir une quantité insuffisante.

Ce régime ne serait pas nuisible à la production, comme l'absence de toute organisation, car il ne constituerait pas l'absence de toute propriété ; il ne ressemblerait même pas à celui qui existe chez les peuples chasseurs ou pasteurs. La société, propriétaire des instruments de production, et même des objets de consommation jusqu'au moment où elle les distribuerait à ses membres, mettrait à la disposition de chacun d'eux, les instruments de production qui lui seraient nécessaires, lui fournirait, autant qu'elle le pourrait, les objets de consommation dont il aurait besoin, et lui interdirait de toucher à tout le reste. On pourrait ainsi recourir à l'agriculture et à la division du travail, en un mot, produire comme on le fait actuellement.

Toutefois, on n'aurait pas, à ce point de vue, tous les avantages du régime actuel. Aujourd'hui, la hausse de valeur qui se produit quand un objet est trop peu abondant, incite les travailleurs à produire cet objet en plus grande quantité, ou, si cela ne se peut pas, à produire d'autres objets propres à le remplacer, et elle tend ainsi à assurer la satisfaction des besoins aussi complètement que possible Sous le régime communiste, les travailleurs ne trouveraient aucun avantage à multiplier les produits peu abondants, ou à chercher à en créer d'autres, pouvant les remplacer, et cela serait évidemment nuisible à l'abondance des richesses.

De plus, ce régime ne donnerait pas tous les résultats que l'on en attend. On veut y recourir parce que c'est la propriété individuelle qui est la cause de l'opposition des intérêts particuliers, et que l'on espère qu'en supprimant cette propriété, on supprimera cette opposition. Mais il est absolument impossible de faire disparaître la propriété individuelle, du moins, de manière à faire disparaître l'opposition d'intérêts qu'elle cause. Il faut, de toute nécessité, que les produits soient distribués pour la consommation et, dès qu'ils le sont, ils sont incontestablement une propriété individuelle. Or, ce résidu indestructible de propriété individuelle suffit à mettre en opposition les intérêts particuliers. Dès que chacun doit recevoir suivant ses besoins, son intérêt est de recevoir le plus possible en travaillant le moins possible, ce qui est évidemment en contradiction avec les intérêts des autres.

Un tel état de choses rendrait la production insuffisante. Il découragerait les travailleurs laborieux. Ces travailleurs chercheraient sans doute d'abord, pour s'y soustraire, à se livrer entre eux à des échanges clandestins, qu'il serait très difficile à l'État de réprimer, à cause du grand nombre de ceux qui s'y livreraient, et le régime économique se trouverait modifié. Si ces échanges étaient rendus impossibles, ces travailleurs chercheraient à produire de manière à pouvoir consommer eux-mêmes tout ce qu'ils produiraient, et l'agriculture ainsi que la division du travail tendraient à disparaître. Enfin, si cela même leur était impossible, il leur resterait toujours la faculté de produire peu, afin d'arriver à vivre, comme les autres, aux dépens de la communauté

Nous savons que les communistes prétendent qu'il n'en serait pas ainsi, que l'institution du régime qu'ils préconisent donnerait aux hommes un amour de l'intérêt général aussi grand que celui qu'ils ressentent aujourd'hui pour leurs intérêts particuliers, que, par suite, la production ne laisserait pas d'être aussi abondante qu'elle l'est présentement, et que même elle augmenterait. Mais nous savons aussi que tout cela est en contradiction avec ce que nous apprennent l'histoire et l'expérience : savoir, que les hommes ont toujours profité des défauts des lois pour sacrifier l'intérêt général à leurs intérêts particuliers, que, chaque fois que les lois ont été modifiées, ils se sont ingéniés à trouver des moyens nouveaux de les éluder, et que, chaque fois qu'ils ont pu découvrir de tels moyens, ils se sont empressés d'en faire usage. Rien ne permet de supposer que la réforme proposée par les communistes, puisse amener les hommes à se conduire autrement qu'ils ne l'ont fait jusqu'à présent.

Les collectivistes reconnaissent le bien fondé de l'objection que nous venons d'opposer aux théories communistes, car ils consentent à rémunérer le travailleur, non suivant ses besoins, mais d'après le nombre d'heures passées par lui au travail, ce qui contraindrait chacun à travailler avec une certaine assiduité, et tendrait ainsi à rendre la production suffisante. Mais, par une singulière inconséquence, ils ne veulent tenir compte ni de l'intensité, ni de la qualité du travail, choses qui doivent, autant que la durée du travail, être poussées jusqu'à un certain degré, pour que la production soit suffisante.

Il y aurait alors échange, car les travailleurs devraient échanger, dans les magasins sociaux, leurs bons d'heures de travail contre des produits. Il y aurait donc plus-value des produits peu abondants. Mais cette plus-value serait uniquement due à l'insuffisance des agents naturels; elle ne proviendrait en aucune partie de monopoles, puisque les agents naturels ne seraient pas monopolisés. Elle ne serait donc nullement nuisible à la production.

Mais le mode de rémunération préconisé par les collectivistes, ne tenant compte, ni de l'intensité, ni de la qualité du travail, produirait les mêmes effets que celui que proposent les communistes. Il serait enlevé aux travailleurs qui auraient produit à l'heure plus que la moyenne, ce qu'ils auraient produit en sus de cette moyenne, pour l'attribuer à ceux qui auraient produit moins. De même, ceux qui auraient effectué des travaux difficiles ou désagréables, ne recevraient pas plus que ceux qui en auraient effectué de faciles et de non désagréables. Les travailleurs laborieux chercheraient encore à échanger entre eux ou à ne produire que des objets qu'ils pourraient consommer eux-mêmes, et, s'ils ne pouvaient y parvenir, ils travailleraient sans activité, de sorte qu'il arriverait encore, ou que cette forme de la propriété ne pourrait subsister, ou que la production deviendrait insuffisante. Quant aux travaux difficiles ou désagréables, personne ne voudrait s'en charger. On pourrait, à la rigueur, contraindre chacun à effectuer à tour de rôle, les travaux désagréables ; mais on ne pourrait faire effectuer les travaux difficiles. D'abord, on ne pourrait faire effectuer ces travaux à tour de rôle par tout le monde, puisqu'une foule de travailleurs sont incapables de les effectuer ; ensuite, on ne pourrait même les faire effectuer par ceux qui possèdent des capacités suffisantes, car on ne peut savoir si un homme possède une grande capacité que s'il consent à la montrer, et ces travailleurs n'étant pas stimulés par l'espoir d'une récompense, ne voudraient pas se donner la peine de faire les efforts nécessaires pour se rendre aptes à ces travaux. Or, cela aussi rendrait la production insuffisante.

Au point de vue de la production, le communisme et le collectivisme sont inférieurs même au régime actuel. Celui-ci attribue aussi aux uns, une partie du fruit du travail des autres ; mais de telle manière que ces derniers ne peuvent se procurer le nécessaire qu'après avoir fourni aux autres leur part, de sorte qu'ils sont contraints non seulement de travailler, mais de travailler beaucoup. Le collectivisme et le communisme font, au contraire, que tout homme peut espérer arriver à se procurer le nécessaire, en travaillant moins qu'il ne faut pour le produire. Au lieu de contraindre une partie des membres de la société à travailler beaucoup, ils les incitent tous à travailler le moins possible.

On a essayé de mettre en pratique ces deux modes d'organisation de la propriété, et ils n'ont pas donné, il s'en faut de beaucoup, les résultats que l'on espérait en obtenir. De nombreuses associations communistes et collectivistes ont été fondées, et la plupart sont tombées au bout de peu de temps. Parmi les autres, le plus grand nombre végètent péniblement, et n'ont pas amélioré le sort de leurs membres. Un petit nombre prospèrent, mais à quelles conditions ? En n'ayant qu'un nombre restreint de membres ; en ne formant pas des états indépendants, mais de simples sociétés particulières, qui peuvent choisir leurs membres, ce qui est impossible aux associations politiques ; en faisant appel au principe religieux ou à l'amour-propre, qui seraient des moyens sans efficacité entre les mains d'associations politiques, voulant imposer ces formes de la propriété à leurs membres.

Saint-Simon admet qu'il existe, dans la répartition des richesses, des inégalités qui sont légitimes, et d'autres qui ne le sont pas. Ces dernières, dit-il, sont celles qui proviennent de l'hérédité, et il faut les supprimer.

Pour y parvenir, il veut aussi faire des instruments de travail, une propriété commune, mais en transformant tous les travailleurs en fonctionnaires publics, nommés et rémunérés par l'Etat. Ce dernier emploiera chacun suivant sa capacité, et le rémunérera suivant sa capacité et ses œuvres.

Dans ce système, il y aurait aussi échange, car le travailleur devrait échanger son salaire contre des produits. Par conséquent, il y aurait aussi concurrence pour l'achat des produits en quantité insuffisante et plus-value de ces produits. Mais cette plus-value serait aussi uniquement due à l'insuffisance des agents naturels, puisque ceux-ci ne seraient pas monopolisés. Il n'existerait donc pas non plus alors de rente artificielle nuisible à la production.

De plus, la rémunération de chacun selon sa capacité et ses œuvres que comporte ce système, serait avantageuse à la production. Les travailleurs seraient alors intéressés à se montrer laborieux et à s'efforcer de bien faire, puisque cela ferait augmenter leurs salaires.

Mais il serait alors impossible que la distribution du travail fût bien faite, car l'État n'est nullement propre à l'effectuer. Les hommes qui gouverneraient et qui auraient à le distribuer, seraient portés à donner les meilleurs emplois à leurs parents, à leurs amis, à tous ceux qui pourraient leur être utiles. Ils seraient aussi portés à faire aux mêmes personnes des faveurs dans la rémunération du travail. Or, l'histoire et l'expérience nous apprennent que bien peu d'hommes sont capables de faire passer toujours leur devoir avant leurs intérêts particuliers. Ces abus seraient donc commis tôt ou tard, et cela rendrait la production insuffisante et défectueuse. Les travailleurs ne seraient plus alors rémunérés suivant leur capacité et leurs œuvres ; ils le seraient plus ou moins selon qu'ils seraient plus ou moins avant dans les bonnes grâces de ceux qui gouverneraient, et l'on voit où cela conduirait. Ce régime serait pire que les régimes communiste et collectiviste car, sous ces derniers, ceux qui travailleraient seraient au moins assurés de recevoir autant que ceux qui ne travailleraient pas.

Quand, d'ailleurs, ceux qui distribueraient le travail, rempliraient leur tâche avec la plus scrupuleuse honnêteté, cela n'empêcherait pas le public de douter de leur impartialité, et ce doute produirait autant de difficultés que s'il était réellement commis des abus, de sorte que cette organisation de la production ne saurait encore subsister.

Le système de Saint-Simon, comme tous les systèmes ayant pour base la propriété commune plus ou moins développée, serait donc nuisible à la production. Le consommateur seul peut distribuer le travail sans qu'on puisse le taxer de partialité. Il le distribue en acceptant de certains produits et en en refusant d'autres. Par conséquent il ne peut faire de faveurs qu'à ses dépens, car il ne le peut qu'en acceptant de mauvais produits et qu'en en refusant de bons. Il n'y a donc pas à craindre qu'il en fasse, du moins volontairement.

Aucun système de réforme de la propriété, basé sur la communauté plus ou moins complète des biens, ne peut subsister dans la société politique, parce que cette forme de la propriété est incompatible avec le principe de cette société. Ce principe, c'est la satisfaction des intérêts particuliers, car si les hommes s'imposent des sacrifices pour former entre eux des associations de ce genre, c'est uniquement parce que chacun d'eux y trouve ou croit y trouver un avantage personnel. Pour qu'un homme tire un avantage des sacrifices qu'il fait à l'intérêt général, il faut que les autres fassent pour lui, les mêmes sacrifices qu'il fait pour eux ; donc, que les sacrifices demandés à tous soient égaux. Or, la propriété commune ne peut exister que si quelques-uns font à l'intérêt général, des sacrifices que n'y font pas les autres.

CHAPITRE V

COMMENT LES AGENTS NATURELS PEUVENT ÊTRE RÉPARTIS AVEC ÉGALITÉ

Le premier partage des agents naturels doit être général, c'est-à-dire avoir lieu entre tous les hommes existants. Il ne doit comprendre que la quantité d'agents naturels que ces hommes peuvent utiliser, afin que les droits et les intérêts des hommes qui apparaîtront dans la suite soient sauvegardés.

Après qu'un premier partage a été opéré, il apparaît des hommes nouveaux, auxquels il faut aussi donner une part de ces agents On ne peut, pour cela, recommencer le partage, car il faudrait le recommencer à chaque instant, ce qui est impossible. Mais on peut y parvenir d'une autre manière. Ces hommes apparaissent, les uns avant qu'il se soit produit aucun décès parmi ceux qui ont reçu leur part, les autres après qu'il s'en est produit; on peut pourvoir les premiers au moyen de ceux des agents naturels qui sont restés jusque-là en dehors du partage, et les autres au moyen des biens qui deviennent disponibles par suite des décès qui se produisent parmi ceux qui ont reçu leur part.

Il est vrai que, lorsqu'on ne dispose plus que des biens de cette dernière catégorie pour fournir leur part aux nouveaux venus, les parts qui deviennent disponibles sont, par suite de ce que la population augmente continuellement, moins nombreuses que les ayants droit à pourvoir. Mais les hommes qui disparaissent laissent, chacun, en moyenne, plus de biens qu'il ne faut pour former une part, car ils laissent, non seulement les agents naturels qu'ils ont reçus, mais encore une partie du fruit de leur travail, et, comme nous l'avons vu précédemment, ces biens doivent être partagés entre les concurrents de la même manière que les agents naturels. On peut donc, même lorsqu'on ne dispose plus que des biens disponibles par suite de décès pour cela, donner aux hommes nouveaux à pourvoir, à peu près autant qu'ont reçu ceux qui ont été pourvus avant eux. Il arrivera sans doute un moment où, la population étant devenue extrêmement nombreuse, les biens qui deviennent disponibles par suite de décès, ne pourront plus devenir plus abondants, parce que la production coûtera alors beaucoup de travail ; mais, à ce moment, la population devra aussi cesser d'augmenter ; la répartition des biens de succession pourra donc toujours s'effectuer dans les mêmes conditions d'égalité.

Si, au surplus, l'augmentation de la quantité des biens à distribuer ne suffisait pas à rendre cette égalité possible, on pourrait, au moyen d'un impôt, reprendre à ceux qui auraient déjà reçu une part des biens de ce genre, ce qui serait nécessaire pour l'obtenir.

D'autres causes que la multiplication de l'espèce tendent à rendre inégale la répartition de ces biens. Il y a, au cours de chaque année, tantôt plus, tantôt moins de biens de ce genre à répartir, parce que la mortalité est plus grande pendant les froids de l'hiver que pendant la chaleur de l'été ; les guerres, les révolutions, les épidémies graves, etc., font augmenter le nombre des décès, par conséquent, augmenter la quantité des biens à répartir ; elles font aussi diminuer le nombre des ayants droit, car elles font aussi périr quelques-uns de ces derniers. La répartition serait donc inégale si l'on se bornait à distribuer toujours les biens qui deviennent disponibles aux hommes à pourvoir au moment où ces biens deviennent disponibles.

On peut supprimer les effets de l'influence des saisons sur la quantité des biens à répartir, en ne faisant qu'une seule répartition par chaque année. Quant aux autres causes d'inégalité, elles permettent de donner aux ayants droit à pourvoir au moment où elles agissent, autant qu'ont reçu ceux qui ont été pourvus avant eux, et cela, même sans distribuer tous les biens disponibles, puisqu'elles rendent ces biens plus abondants. Elles permettent aussi de tirer parti de ceux de ces biens qui restent disponibles après cette répartition, car, lorsque la mortalité augmente considérablement, elle tombe toujours ensuite, pour quelque temps, au-dessous de la moyenne, de sorte que les biens qui deviennent alors disponibles, ne sont pas assez abondants pour fournir aux ayants droit, une part égale à celle qu'ont reçue ceux qui ont été pourvus avant eux.

Les difficultés que l'on rencontre pour faire régner l'égalité dans cette répartition, ne sont pas les seules qu'elle présente. Il en est d'autres qui découlent, les unes de la situation où se trouvent tous les hommes au début de leur existence, et les autres, de la diversité des biens à distribuer.

Tout homme, dès le premier instant de son existence, a droit à une part de ces biens; mais, tant qu'il est dans l'enfance, il est incapable de gérer ses intérêts ; on ne peut donc la lui confier, tant qu'il est dans cet état. Si on la remet aux parents, il est à craindre qu'elle ne soit quelquefois dissipée, ce qui serait évidemment nuisible à la production ; et si on la confie à l'Etat, il en est encore de même, car l'Etat est un grand dissipateur. Mais on pourrait éviter ces inconvénients, en n'attribuant des biens de ce genre aux hommes que lorsqu'ils seraient à l'âge de gérer eux-mêmes leurs intérêts, c'est-à-dire lorsqu'ils atteindraient l'âge de la majorité. De cette manière, on serait assuré que la part d'aucun d'eux ne serait dissipée par d'autres. Tant qu'ils n'auraient pas atteint cet âge, ils ne subiraient aucun préjudice du fait que l'on différerait de leur remettre leur part, car, cette part étant mise à la disposition de ceux qui auraient atteint cet âge, il est évident que ces derniers devraient leur en payer un loyer, lequel pourait être remis aux parents, sans inconvénient pour la production.

Avec des instruments de travail correspondant à un même besoin, l'Etat peut faire des parts d'égale valeur, parce que la valeur est alors uniquement basée sur la quantité et sur la qualité des biens à partager, et que l'Etat peut se rendre compte de ces choses. Mais avec des instruments de travail correspondant à des besoins différents, il n'en est plus de même. La valeur de ces instruments est alors aussi fixée par la qualité du travail auquel ils correspondent ; comme les travailleurs qui peuvent effectuer des travaux difficiles et ceux qui consentent à se charger de travaux désagréables sont peu nombreux, les instruments de ces travaux sont peu demandés et ont moins de valeur, relativement au produit donné, que ceux des travaux faciles ou non désagréables. Or, l'Etat ne peut se rendre compte des capacités et des préférences des travailleurs, qui sont des choses essentiellement variables.

L'Etat, dira-t-on peut-être, pourrait demander à chacun des ayants droit ce qu'il désirerait et distribuer les biens en question suivant les demandes, en faisant les parts plus petites ou plus grandes dans chaque branche de la production, selon que les demandes y seraient plus ou moins nombreuses. Mais une répartition ainsi opérée ne serait pas égale. Les préférences que manifestent les travailleurs en premier lieu, ne sont pas toujours leurs préférences définitives, celles sur lesquelles s'établit réellement la valeur des instruments de travail. Lorsqu'ils s'aperçoivent que le genre de travail qui leur plaît le plus ne leur donnera que peu de revenu, beaucoup de travailleurs y renoncent pour se charger d'un travail plus lucratif, et cela empêche la valeur de certains instruments d'augmenter à l'excès, et celle d'autres de rester trop faible. Avec la distribution des instruments de travail faite par l'Etat, comme nous venons de l'exposer, cette modification de la demande ne serait plus possible, et la répartition des instruments de travail ne serait plus conforme aux préférences réelles des travailleurs.

Les instruments de travail existant aujourd'hui correspondant à des besoins divers, l'Etat ne pourrait donc les répartir de cette manière sans violer la loi de l'égalité. Mais il peut se dispenser de les distribuer en nature : il lui suffit, pour cela, de les vendre aux enchères. Par ce moyen, il n'aurait plus à distribuer que de la monnaie ; ce qu'il pourrait faire avec une parfaite égalité.

CHAPITRE VI

DES MESURES DE TRANSITION

Il est impossible de substituer tout d'un coup, le partage égal à l'hérédité, car une telle substitution causerait des maux, passagers il est vrai, mais très graves.

Si l'on donnait les biens disponibles par suite de décès, aux hommes qui atteindraient leur majorité, il faudrait donner aussi, au moment où l'on commencerait à procéder de la sorte, des biens de ce genre à ceux qui auraient dépassé cet âge sans en avoir reçu. Il le faudrait d'autant plus que, parmi ces derniers, se trouveraient les hommes qui, d'après les lois antérieures, devraient recevoir ces biens, et que ces hommes seraient incapables de pourvoir à leurs besoins, si on ne leur en donnait pas d'autres, parce que, ayant compté recevoir ces biens, ils auraient négligé d'apprendre à travailler. On ne pourrait donc opérer cette réforme sans reprendre à ceux qui auraient reçu une trop grande quantité de ces biens, ce qu'ils en auraient reçu en trop.

Mais une telle reprise ne pourrait être opérée en une seule fois. Beaucoup de ceux aux dépens de qui elle aurait lieu, ne seraient pas capables de supporter la situation nouvelle qui leur serait faite : ceux qui posséderaient de grandes fortunes, et qui n'auraient jamais travaillé, ne connaissant aucune industrie, se trouveraient subitement hors d'état de pourvoir à leurs besoins. D'autre part, les grandes fortunes disparaissant instantanément, des travailleurs des industries de haut luxe, des artistes, peintres, sculpteurs, comédiens, musiciens, et des domestiques se trouveraient immédiatement et complètement hors d'état de tirer parti de leur travail. Enfin, comme il serait enlevé des capitaux à un certain nombre d'entrepreneurs, ces entrepreneurs seraient contraints de restreindre ou de suspendre leur production, et comme les capitaux qui leur seraient enlevés ne pourraient tous être réemployés immédiatement, beaucoup de gens se trouveraient encore, par ce fait, hors d'état de tirer parti de leur travail, au moins pendant quelque temps. Il faudrait donc recourir à des mesures de transition.

D'abord, on ne devrait reprendre que peu à peu ce qui devrait être repris, afin de laisser à ceux qui, n'ayant jamais travaillé, devraient, par suite de cette reprise, se mettre à travailler, le temps d'apprendre une profession, et à ceux qui devraient renoncer à celle qu'ils exerceraient, le temps d'en apprendre une autre.

Ensuite, on devrait aussi ne supprimer l'héritage que

peu à peu. Si on le supprimait tout d'un coup, cela mettrait, tout comme la reprise des biens dans les mêmes conditions, des hommes dans l'impossibilité, au moins pendant quelque temps, de pourvoir à leurs besoins, car il y a des gens qui, comptant sur des héritages en perspective, négligent de se rendre aptes à se procurer le nécessaire par le travail. Il faudrait donc laisser d'abord subsister l'héritage, puis, reprendre peu à peu, à ceux qui hériteraient trop, ce qu'ils auraient hérité en trop, comme on le ferait pour ceux qui auraient hérité dans les mêmes conditions, avant la réforme.

LIVRE II

DE LA DIVISION DU TRAVAIL

CHAPITRE PREMIER

EN QUOI CONSISTE LA DIVISION DU TRAVAIL

Les objets de consommation que l'homme doit se procurer par son travail sont, comme nous le savons, de diverses sortes. La quantité d'objets de chacune de ces sortes dont il a besoin étant bornée, il peut produire ce qui est nécessaire à la satisfaction de tous ceux de ses besoins auxquels il doit pourvoir, ou, du moins, d'un certain nombre d'entre eux, car il peut ainsi se faire qu'après avoir produit ce qu'il lui faut de l'une de ces sortes d'objets, il lui reste du temps disponible pour en produire d'une autre sorte, puis encore d'une autre, et ainsi de suite, un nombre plus ou moins grand de fois.

Lorsque plusieurs hommes produisent assez pour satisfaire plusieurs de leurs besoins, ils modifient leur manière de produire. Par suite d'incapacité naturelle, d'accidents ou de circonstances particulières, il arrive que quelques-uns d'entre eux ne peuvent produire de certaines sortes d'objets de consommation. Pour se procurer ces objets, ces hommes sont alors contraints d'en produire des autres, en plus grande quantité qu'ils ne peuvent en consommer, et d'offrir l'excédent en échange de ceux dont ils ont besoin, qu'ils ne peuvent produire. Les hommes qui peuvent en produire de toutes les sortes ont alors avantage, comme nous le verrons plus loin, à produire exclusivement ceux que les premiers ne peuvent produire, et à en offrir la partie qu'ils ne peuvent consommer eux-mêmes, contre les produits offerts par les autres. Il résulte de cela que, peu à peu, nul ne produit plus que des objets de consommation d'une seule sorte, au lieu d'en produire de toutes les sortes dont il a besoin. C'est ce que l'on nomme la *division du travail.*

Cette division est d'origine naturelle. Dans la famille, l'homme, la femme, les enfants ne sont pas propres aux mêmes travaux, et chacun d'eux doit se charger de ceux qui sont en rapport avec ses forces et avec sa capacité. Toutefois, les produits étant, dans la famille, une propriété commune, ne sont pas échangés.

Les grands avantages que présente cette division font qu'elle s'établit entre les familles. Quelques-unes produisent exclusivement des aliments, d'autres, des vêtements, etc. Ensuite, ceux qui produisent des objets de consommation de même sorte, se partagent les divers travaux que cette production exige ; quelques-uns produisent les matières premières, d'autres, les outils, les machines qui servent à les transformer ; il en est qui opèrent cette transformation ; enfin, les derniers se chargent de la répartition du fruit de la production commune. Cette division, ainsi que l'a montré Adam Smith par des exemples, acquiert de très grands développements.

La division du travail se développe chaque fois que l'industrie réalise un progrès nouveau. Elle est plus développée dans les grandes agglomérations, ou les travaux qui sont le moins demandés, le sont assez pour faire l'objet d'une industrie spéciale. Elle n'existe pas, en dehors de la famille, dans les pays où la population est très clairsemée.

CHAPITRE II

DES AVANTAGES DE LA DIVISION DU TRAVAIL

La division du travail en augmente la productivité d'une manière prodigieuse.

L'homme qui effectue continuellement un même travail, y acquiert bientôt une habileté extraordinaire, et produit beaucoup plus, relativement au temps qu'il y consacre. Il arrive aussi à produire beaucoup mieux.

Il évite la perte de temps qui se produit toujours quand on passe d'un travail à un autre. Lorsqu'on veut changer d'occupations, il faut rassembler d'autres matières premières et d'autres outils. Il faut d'abord faire un effort de mémoire pour savoir ce que l'on doit rassembler, puis procéder à ce rassemblement, et ces deux opérations demandent toujours un peu de temps. En outre, on est exposé à des oublis qui en font encore perdre.

Le travailleur n'a alors besoin que d'une seule sorte d'instruments de travail, tandis qu'il lui en faudrait de plusieurs sortes, s'il devait produire des objets de consommation de plusieurs sortes. Il peut donc consacrer moins de travail à la production de ces instruments et, par suite, en consacrer davantage à celle d'objets de consommation.

L'emploi des machines est alors avantageux à la production. Le travailleur qui, produisant lui-même tout ce qui lui serait nécessaire, emploierait une machine à la production d'une sorte quelconque d'objets de consommation, en éprouverait une perte, car, comme il ne pourrait employer cette machine que de loin en loin, l'économie de travail qu'il réaliserait en l'employant serait trop faible pour l'indemniser du travail qu'elle lui aurait coûté. Il en serait encore de même s'il pouvait l'employer à la production de toutes les sortes d'objets de consommation qu'il produirait, car, chaque fois qu'il changerait d'occupation, il devrait procéder à un démontage et à un remontage qui lui coûteraient plus de travail que l'emploi de sa machine ne lui permettrait ensuite d'en économiser. Avec la division, le travailleur peut employer continuellement une machine, et cela, sans avoir à procéder à des démontages et des remontages, puisqu'il ne produit que des objets de consommation d'une seule sorte. L'emploi de cette machine lui permet donc d'économiser plus de travail qu'elle ne lui en a coûté.

Cet emploi rend encore alors la production plus abondante en rendant moins nécessaire l'habileté manuelle du travailleur. Le rôle de celui-ci n'est plus alors d'effectuer le travail lui-même, mais d'en surveiller l'exécution par la machine. Il a ainsi besoin de moins de temps pour faire l'apprentissage de son métier, et il peut, par suite, en consacrer davantage à la production.

La division du travail permet aux travailleurs de tirer tout le parti possible de leur capacité et de leurs forces. Les plus capables se chargent des travaux les plus difficiles, les moins capables, des plus faciles; les forts, de ceux qui exigent de la force, et les faibles, de ceux qui n'en exigent pas. Les uns ne perdent plus leur temps à effectuer des travaux au-dessous de leurs forces ou de leur capacité, les autres, à tenter d'en effectuer qui sont au-dessus des leurs. Tout cela est aussi évidemment favorable à la production,

Sans cette division, les objets de consommation seraient beaucoup moins variés. Aucun homme, quelles que soient ses forces et sa capacité, n'est capable de produire de toutes les sortes d'objets de consommation qui sont produits aujourd'hui.

La division du travail concourt donc très activement au développement de la production.

CHAPITRE III

DES INCONVÉNIENTS DE LA DIVISION DU TRAVAIL

A côté de ses avantages, la division du travail présente des inconvénients. Ceux-ci, il est vrai, sont bien loin d'égaler ceux-là. Cependant, ils ne laissent pas d'être assez graves pour qu'il soit nécessaire de chercher s'il ne serait pas possible de les supprimer.

En rendant nécessaire l'échange des produits, la division du travail fait naître des rapports d'un nouveau genre entre les hommes, et ces rapports les mettent, sous des formes nouvelles, en opposition d'intérêts entre eux, et nuisent ainsi à la production.

L'homme doit produire, de chacune des sortes d'objets de consommation qu'il doit se procurer par son travail, la quantité dont il a besoin, et non plus ni moins. S'il en produit moins, il sera en proie aux privations ; s'il en produit plus, il ne pourra plus produire autant des autres objets de consommation qu'il devra produire ensuite, et il sera encore en proie aux privations.

Or, lorsque le travail est divisé entre familles, ou entre membres de familles différentes, il est presque continuellement produit, tantôt trop, tantôt trop peu de plusieurs sortes d'objets de consommation.

D'autre part, pour pouvoir échanger, il faut faire usage d'instruments d'échange, et ces instruments peuvent être employés d'une manière nuisible à la production.

Nous avons donc à chercher si l'on peut, au moyen de lois, rendre la division du travail plus avantageuse, et, si cela se peut, quelles sont ces lois.

CHAPITRE IV

DES EFFETS DE L'ÉCHANGE

Aucun produit ne peut être échangé s'il n'est utile, c'est-à-dire, propre à la consommation. Les produits utiles ne peuvent être échangés, s'ils sont en excédent des besoins des consommateurs qui ont quelque chose à donner en échange. Les produits ne s'échangent donc que lorsqu'ils sont utiles et ne sont pas en excédent des besoins des consommateurs qui ont quelque chose à donner en échange.

Lorsque des produits d'une sorte quelconque sont plus abondants que ces besoins ne l'exigent, ils ne peuvent être échangés tous, et la plupart de ceux d'entre eux qui peuvent l'être, ne le sont que pour moins de produits qu'il n'en a été consommé pour les obtenir. Les producteurs, ayant tous à craindre de ne pouvoir échanger leurs produits, demandent en échange le moins possible, et ceux d'entre eux qui ont consommé le moins pour obtenir les leurs, les offrent contre l'équivalent de ce qu'ils ont consommé. Or, cela contraint les autres à se contenter aussi de cette même quantité de produits, en échange des leurs, bien qu'ils en aient consommé davantage pour les obtenir.

Le travailleur qui ne peut échanger les objets qu'il a produits en vue de l'échange, ou qui ne peut les échanger que pour moins qu'ils ne lui coûtent, éprouve des pertes qui le mettent dans l'impossibilité de continuer à produire de tels objets. Cela fait diminuer la production de l'industrie à laquelle il appartenait jusque-là, et, par conséquent, la ramène au niveau des besoins.

Lorsque des produits d'une sorte quelconque sont moins abondants que ne l'exigent les besoins des consommateurs qui peuvent donner en échange l'équivalent de ce qu'ils coûtent, ces besoins ne peuvent être satisfaits en entier, et il faut que quelques-uns de ces consommateurs se passent de produits de ce genre. Pour en obtenir, les consommateurs enchérissent les uns sur les autres, jusqu'à ce qu'un nombre suffisant d'entre eux aient renoncé à en demander, pour qu'il n'en soit plus demandé plus qu'il n'en est offert. Les producteurs de ces objets reçoivent alors en échange beaucoup plus que ces objets ne leur ont coûté.

Les travailleurs des autres industries ont alors avantage à produire de tels objets et ils se mettent les uns après les autres à en produire, jusqu'à ce qu'il n'y ait plus d'avantage à le faire. Cela fait augmenter la production de ces objets, et, par conséquent, l'élève au niveau des besoins.

Les conditions dans lesquelles s'opère l'échange ont

donc pour effet de contraindre continuellement la production à se conformer aux besoins.

CHAPITRE V

DE LA VALEUR

Lorsque des produits sont échangeables, ils valent d'autres produits, ou ont de la valeur; lorsque des produits ne sont pas échangeables, ils ne valent aucun autre produit, ou n'ont pas de valeur; enfin lorsque des produits peuvent être échangés contre une quantité plus ou moins grande d'autres produits, ils valent une quantité plus ou moins grande d'autres produits, ou ont plus ou moins de valeur. On se sert donc, pour exprimer la situation des produits relativement à l'échange, du terme de *valeur*, qui a l'avantage d'exprimer cette situation avec plus de brièveté et de précision qu'aucun autre.

Toutefois, pour éviter toute confusion, il faut remarquer qu'il existe une autre sorte de valeur que celle qui apparaît dans l'échange, tel que nous le concevons habituellement. Cette nouvelle valeur est celle qui apparaît en cas de partage, et que, pour cette cause, nous nommerons *valeur de partage*.

Lorsque des hommes veulent se partager une chose quelconque, ces hommes ne peuvent prendre pour mesure de partage la quantité ou la qualité de la chose à partager, mais, à la fois, l'une et l'autre. Or, la mesure qui représente à la fois la quantité et la qualité des choses est la valeur. Lorsque des parts d'une chose quelconque peuvent rendre autant de services les unes que les autres, chacune de ces parts peut être acceptée indifféremment par chacun de ceux qui doivent en recevoir une, et ces parts se valent réciproquement.

Cette valeur ressemble à l'autre en ce qu'elle apparaît aussi dans un échange. Dans un partage, chacun des co-partageants échange le droit qu'il possède conjointement avec les autres sur la totalité de la chose partagée, contre un droit exclusif sur une partie de cette chose.

Mais, par contre, cette valeur diffère de l'autre en trois manières.

D'abord, elle en diffère en ce qu'elle apparaît dans l'échange d'un droit collectif contre un droit individuel, tandis que l'autre apparaît dans l'échange d'un droit individuel contre un droit individuel.

Ensuite, elle en diffère en ce qu'elle existe alors que l'autre n'existe pas. Lorsque la division du travail n'existe pas, il n'existe pas de valeur d'échange, puisque l'échange n'a pas lieu, mais la valeur de partage existe, car il faut alors néanmoins que les hommes se partagent de certaines choses, comme la terre cultivable, et ce qui subsiste du fruit du travail des générations disparues. De même, sous le régime communiste, où la valeur d'échange n'existe pas, la valeur de partage existe, puisqu'il faut répartir les produits entre les consommateurs.

Enfin, la valeur de partage diffère de la valeur

d'échange en ce qu'elle peut exister pour des choses dont on n'a pas besoin, ce qui n'a pas lieu pour celle-ci. Lorsque des choses d'une sorte quelconque, comme les terres cultivables, par exemple, sont plus abondantes que les besoins ne l'exigent, celles qui sont en excédent peuvent être partagées comme les autres, car on peut se les partager en vue de l'avenir. Au contraire, on ne peut jamais échanger plus de choses d'une sorte quelconque que les consommateurs n'en demandent.

Adam Smith a dit aussi qu'il existait une autre valeur que la valeur d'échange ; mais ce n'est pas de la valeur de partage qu'il a voulu parler. Les choses auraient, selon lui, une *valeur d'usage* plus ou moins grande, selon que les besoins qu'elles seraient propres à satisfaire seraient plus ou moins impérieux. Mais c'est ce que l'on exprime déjà en disant que les choses sont plus ou moins utiles, ou ont une utilité plus ou moins grande, et nous ne voyons pas quel avantage il peut y avoir à ajouter à ces expressions, celle de valeur d'usage. Par contre, il est facile de voir qu'en employant le mot de *valeur* dans ce sens, alors qu'on l'emploie déjà dans un autre, cela ne peut être qu'une cause d'obscurité, d'erreur et de confusion.

D'autres économistes estiment qu'il existe une autre valeur que la valeur d'échange, et qui n'est ni la valeur de partage, ni la valeur d'usage. Cette valeur serait individuelle, et elle apparaîtrait entre les diverses sortes d'objets consommés par chacun. Nous devons nous procurer d'abord les objets qui servent à la satisfaction de notre besoin le plus impérieux, et ces objets auraient ainsi pour nous plus de valeur que les autres, mais seulement tant que nous ne nous en sommes pas procuré suffisamment. Dès que nous en sommes suffisamment pourvus, nous devons cesser de nous en procurer, et nous procurer ceux qui nous sont les plus nécessaires parmi les autres, et ce seraient alors ces derniers qui auraient plus de valeur que tous les autres. Il en serait ainsi, chaque fois que nous nous sommes procuré suffisamment d'une sorte quelconque de produits.

Mais lorsque nous devons nous procurer ce qui nous est le plus nécessaire, aucune quantité des autres choses dont nous avons besoin, ne peut remplacer pour nous ces objets, ni, par conséquent, les valoir. Et lorsque nous nous en sommes procuré une quantité suffisante, aucune quantité nouvelle de ces objets ou aucune quantité d'autres objets ne peut remplacer ni valoir pour nous ceux qui nous sont les plus nécessaires après les premiers. Il n'y a donc pas non plus de valeur dans ce cas.

La valeur de partage ne tirant point son origine de la division du travail, ses effets ne sauraient être imputables à cette division. Nous n'avons donc à nous occuper ici que de la valeur d'échange qui, elle, tire son origine de cette division, et qui est celle dont on parle quand on emploie ce mot de *valeur* sans y ajouter d'épithète.

CHAPITRE VI

DES SOURCES DE LA VALEUR

Puisque la valeur n'est autre chose que l'échangeabilité, ce qui donne naissance à l'échangeabilité, est aussi ce qui donne naissance à la valeur. Les produits ont donc de la valeur quand ils sont utiles et ne sont pas en excédent des besoins de ceux qui ont quelque chose à donner en échange. En outre, ils ont plus ou moins de valeur selon qu'ils sont plus rares ou plus abondants, relativement aux besoins de ceux qui ont quelque chose à donner en échange.

Il n'est pas nécessaire de dire que, pour que les produits aient de la valeur, il faut qu'ils soient appropriés, puisque, s'ils ne le sont pas, ils ne sont pas offerts à l'échange. Mais il est nécessaire de faire une remarque à ce sujet.

Pour que des produits appropriés, et non en excédent des besoins, aient de la valeur, il faut, s'il en existe de semblables qui soient en excédent des besoins, que ces derniers soient aussi appropriés. S'il n'en est pas ainsi, les hommes qui auront besoin de tels objets, s'empareront de ceux qui ne seront pas appropriés, et ceux qui le seront n'auront pas de valeur, puisqu'il ne sera rien offert en échange.

Cette situation peut se présenter. Les produits sont

toujours appropriés en totalité, même quand ils sont plus abondants que les besoins ne l'exigent, et la partie d'entre eux qui est nécessaire à la satisfaction des besoins, a toujours de la valeur. Mais il n'en est pas de même des agents et des objets de consommation naturels. Dès que l'on échange des produits, on est aussi amené à échanger de ces choses, et elles acquièrent de la valeur. Or, elles peuvent être plus abondantes que les besoins ne l'exigent, et il peut se faire qu'il n'y ait d'appropriée que la partie qui est nécessaire à la satisfaction des besoins. Il peut donc se faire que des agents et des objets de consommation naturels appropriés, et non en excédent des besoins, n'aient pas de valeur.

La plupart des économistes admettent que la valeur tire son origine de l'utilité. Il est si évident qu'aucune chose ne peut avoir de valeur, si elle n'est propre à satisfaire un besoin quelconque, que nul ne le conteste. Les socialistes mêmes, qui prétendent que la valeur tire son origine du travail, admettent que l'utilité est la condition primordiale de l'existence de la valeur.

Toutefois, ceux qui admettent que l'utilité est la source de la valeur, reconnaissent qu'elle ne suffit pas à la faire naître, et disent que, pour y parvenir, elle doit être accompagnée de la *limitation en quantité*. Si l'on s'en tient aux apparences, il semble bien qu'il en soit ainsi. La valeur des choses est, en effet, plus élevée ou plus faible, selon qu'elles sont plus rares ou plus abondantes ; et même certaines choses en quantité illimitée, relativement aux besoins, l'air, l'eau dans quelques localités, n'ont pas de valeur. Tout cela semble bien indiquer que la limitation en quantité est nécessaire à l'existence de la valeur, et que celle-ci doit disparaître, quand les choses sont en quantité illimitée.

Mais il n'en est rien. Si les terres cultivables étaient en quantité illimitée, et quelles fussent toutes appropriées, la quantité de ces terres qui serait nécessaire à la satisfaction des besoins, aurait de la valeur, car ceux qui en seraient propriétaires n'en céderaient aucune partie pour rien. De même, si les produits étaient en quantité illimitée, la quantité qui en serait nécessaire à la satisfaction des besoins aurait de la valeur, car les producteurs n'en céderaient non plus aucune partie pour rien. La non-limitation en quantité ne peut faire baisser ou disparaître que la valeur d'une ou de quelques-unes des diverses sortes de produits. Si elle existait dans toutes les sortes, elle ne causerait aucune baisse de ce genre. Ce n'est donc pas la limitation en quantité qui doit être jointe à l'utilité, pour donner naissance à la valeur.

Les socialistes prétendent que c'est du travail que la valeur tire son origine. D'après eux, l'utilité serait la condition primordiale de l'existence de la valeur; mais elle n'en serait pas la cause. Cette cause serait le travail, parce que la valeur des produits paraît tendre, en général, à être proportionnelle à la quantité de travail qu'ils coûtent.

Ils est difficile de comprendre comment une chose peut être nécessaire à l'existence d'une autre, et n'être pas, au moins en partie, la cause de l'existence de cette dernière. Toute condition nécessaire à l'existence d'une chose donne ou concourt à donner l'existence à cette chose, et l'on ne voit pas comment une chose qui donne ou concourt à donner l'existence à une autre, pourrait ne pas être la cause ou l'une des causes de l'existence de cette dernière.

D'autre part, la tendance très réelle de la valeur à se proportionner à la quantité de travail que coûtent les produits, ne prouve nullement que le travail soit la source de la valeur; elle prouve seulement que le travail est la cause ou l'une des causes qui fixent le degré de valeur des produits; car ce qui fait que les produits ont plus ou moins de valeur, n'est nullement ce qui fait qu'ils ont de la valeur.

La valeur des produits varie continuellement, mais il est visible qu'elle tend continuellement aussi à se rapprocher d'un point fixe, augmentant dès qu'elle se trouve au-dessous, et diminuant dès qu'elle se trouve au-dessus. Ce point est, dans la plupart des cas, celui où cette valeur se trouve proportionnelle à la quantité de travail que coûtent les produits. Il doit, en effet, en être ainsi. Nous avons vu que la valeur des produits augmente dès que le travailleur ne tire pas de l'échange, au moins l'équivalent de ce qu'il consomme pour les obtenir, qu'elle diminue lorsqu'il en tire, à consommation égale, plus que n'en tirent les travailleurs des autres industries, et qu'elle tend ainsi à être toujours dans une même proportion avec ce qui est consommé pendant la production. Or, le travailleur consomme plus ou moins pendant la production, selon qu'elle lui demande plus ou moins de temps, et, par conséquent, selon qu'il y consacre plus ou moins de travail. La valeur tend donc nécessairement à se proportionner à la quantité de travail que coûtent les produits.

Il est vrai qu'elle n'est pas toujours proportionnelle à cette quantité, parce qu'il arrive que le travail ou les agents naturels nécessaires à la production de certains objets de consommation, sont en quantité insuffisante, ce qui empêche la production de ces objets de se développer suffisamment pour que leur valeur diminue de façon à être dans la même proportion avec la quantité de travail qu'ils coûtent, que celle des autres produits est avec la quantité de travail que coûtent ces produits. Mais cela n'empêche pas le travail de concourir très activement à la fixation du degré de valeur des produits.

Mais il est incontestable que les produits en échange desquels il n'est rien offert ne sauraient avoir de la valeur. Si donc les produits ont de la valeur, c'est parce qu'il est offert quelque chose en échange. Or, si l'on offre quelque chose en échange de produits, c'est parce que l'on a besoin de ces produits, et non parce qu'ils coûtent du travail. Ce sont donc les besoins, et non le travail, qui sont la source de la valeur.

Ceci explique comment il se fait que la valeur des produits ne soit pas proportionnelle à leur utilité. On sait que des produits très utiles, comme des aliments, par exemple, ont une valeur moins élevée que les bijoux, les pierres précieuses, et une foule d'autres objets dont l'utilité n'est que conventionnelle. Si ce qui donne naissance à la valeur était aussi ce qui en fixe le degré, les produits auraient plus ou moins de valeur selon qu'ils rempliraient plus ou moins complètement les conditions qui donnent naissance à la valeur. Par suite, l'utilité étant l'une des sources de la valeur, les produits les plus utiles devraient être aussi ceux qui auraient le plus de valeur. Mais dès que ce qui donne naissance à la valeur n'est pas ce qui en fixe le degré, il peut en être autrement sans difficulté.

Ainsi, le travail n'est point la source de la valeur ; il est seulement l'une des causes qui fixent le degré de valeur des produits, c'est-à-dire, le point auquel cette valeur tend continuellement à se fixer.

Ce point est fixé par le travail seul, lorsque les agents naturels et le travail qui servent à la production, sont aussi abondants que les besoins l'exigent, ou plus abondants qu'ils ne l'exigent. Il est fixé par le travail et la rente réunis lorsque les agents naturels ou le travail, ou ces deux choses à la fois, se trouvent moins abondants que les besoins ne l'exigent, car le travail, quand il est rare, donne naissance à une rente, tout comme les agents naturels. Enfin, le degré de valeur des agents naturels inexploités, quand il s'agit d'agents qui sont moins abondants que les besoins ne l'exigent, est fixé par la rente seule.

CHAPITRE VII

DE LA VALEUR NORMALE

On dit que la valeur des produits est normale quand elle est au point où elle tend sans cesse à se fixer. Ce point serait, d'après certains économistes, celui où elle est égale au coût de production. Il nous semble que cette assertion est inexacte.

Le coût de production d'un objet quelconque se compose des objets de première nécessité que consomme le travailleur pendant qu'il produit cet objet.

Par suite de ce que les travailleurs abandonnent les industries où le travail rend peu, pour se porter vers celles où il rend beaucoup, tout produit tend à valoir une quantité d'autres produits ayant coûté autant de travail que lui.

Or, la quantité de travail qu'ont coûté des produits n'est pas nécessairement égale à celle qu'ont coûté ceux qui ont été consommés pour les obtenir. Elle ne saurait y être inférieure, car cela rendrait la production insuffisante, mais rien ne s'oppose à ce qu'elle y soit supérieure. La valeur des produits ne peut donc pas seulement être égale à leur coût de production; elle peut encore y être supérieure.

La valeur des produits ne tend donc pas à se rapprocher du point où elle égalerait leur coût de production ;

elle tend à se rapprocher du point où, à travail égal, elle donnerait à tous les travailleurs des revenus égaux.

« Si, dit-on, la valeur d'un objet tombe au-dessous « de son coût de production, le producteur est en perte, « et la production de cet objet diminue jusqu'à ce que « sa valeur soit revenue au niveau de son coût de pro- « duction. Si, au contraire, la valeur de cet objet est « supérieure à son coût de production, il en résulte des « profits qui attirent les producteurs et les capitaux, et « la production augmente, jusqu'à ce que la valeur de « ce produit soit tombée au niveau de son coût de pro- « duction. »

Mais pour que la production ne diminue pas dans une industrie quelconque, il ne suffit pas que cette industrie ne cause pas de pertes, il faut encore qu'elle donne aut nt de profits que les autres. De même, pour que la production d'un objet augmente, il ne suffit pas que cette production donne un profit, il faut encore qu'elle donne plus de profit que la production d'autres objets.

La production, il est vrai, n'est pas organisée aussi simplement que nous venons de le supposer. Les hommes se trouvent, à ce point de vue, divisés en quatre classes : les propriétaires, qui donnent des agents naturels à loyer ; les capitalistes, qui donnent des capitaux en prêt ; les salariés, qui vendent leur travail ; enfin les entrepreneurs, qui emploient à la production, à leurs risques et périls, et avec ou sans le concours de salariés, des agents naturels et des capitaux leur appartenant, ou appartenant à d'autres. Il résulte de cela qu'il se forme un nouveau coût de production ; le coût de production des entrepreneurs, qui n'est pas tout à fait le même que celui dont nous venons de parler.

Les produits coûtent alors à l'entrepreneur, le nécessaire qui est consommé en vue de la production, et qui est alors consommé par les entrepreneurs et par les salariés, puisque les membres de ces deux classes travaillent. Mais ils lui coûtent de plus de la rente, de l'intérêt, et le profit des salariés, si ces derniers gagnent plus que le nécessaire qu'ils consomment.

Mais cela ne modifie en rien la manière dont tend à se fixer la valeur des produits. Les entrepreneurs et les salariés abandonnent les industries où le travail rend peu, pour se porter vers celles où il rend beaucoup, et tout produit tend toujours à valoir la quantité d'autres produits qui a coûté autant de travail que lui.

En réalité, la valeur normale est aujourd'hui au-dessus du coût de production. Lorsqu'on ne produit que l'équivalent du nécessaire que l'on consomme pendant la production, on ne peut produire d'objets de luxe, puisqu'on ne produit que ce dont on aura besoin pour produire à nouveau son nécessaire. Or, il est aujourd'hui produit et consommé des objets de luxe, même en assez grande quantité.

CHAPITRE VIII

DES EFFETS DE LA VALEUR

La valeur n'étant autre chose que l'expression de la situation des produits, relativement à l'échange, ses effets ne sont autres que ceux mêmes de l'échange : ses variations rendent la production conforme aux besoins. Quand elle devient faible, elle fait diminuer la production, et quand elle devient élevée, elle la fait augmenter. Elle est faible ou élevée selon que la production est excessive ou insuffisante ; elle fait donc diminuer ou augmenter la production, selon que celle-ci est excessive ou insuffisante. Lorsque de certains produits sont trop abondants, et que d'autres ne le sont pas assez, elle fait diminuer la production des premiers et augmenter celle des seconds. Lorsque de certains produits sont trop abondants sans que d'autres le soient trop peu, elle distribue le travail qui est employé en trop à la production des premiers, entre toutes les industries, et la production devient excessive partout. S'il existe encore, à ce moment, des travailleurs ne divisant pas le travail, ceux qui le divisent peuvent les employer comme salariés, et s'il n'en existe plus, les travailleurs peuvent demander de nouvelles sortes de produits. Dans le premier cas, les produits surabondants cessent de l'être ; dans le second, il n'est plus créé de produits surabondants. Si les produits qui ne sont pas trop abondants ne peuvent, par suite d'insuffisance des agents naturels ou du travail, le devenir quand d'autres le sont, la haute valeur de ces produits permet à ceux qui les créent d'augmenter leur consommation, et il se forme des industries nouvelles, qui absorbent le travail en excédent.

La valeur tend à faire disparaître la rente qui naît de l'insuffisance des agents naturels, ou tout au moins, à l'empêcher d'augmenter. Chacun de nos besoins peut être satisfait au moyen d'objets de consommation divers ; nous nous nourrissons d'aliments divers ; nous fabriquons nos vêtements avec diverses sortes de textiles ; nous construisons nos habitations avec des matériaux divers. Quand l'un des objets que nous employons pour satisfaire un besoin acquiert une haute valeur, parce que les agents naturels qui servent à le produire sont peu abondants, les consommateurs cherchent à le remplacer par d'autres, qui soient moins coûteux, et les producteurs s'ingénient à en produire. Or, il résulte de cela que la rente que donne ce produit cesse d'augmenter, et même peut disparaître.

Les variations de la valeur ne font pas, il est vrai, diminuer la rente en ce qui concerne les objets de luxe. Ce qui fait que l'on désire un objet de luxe de haute valeur, c'est surtout sa haute valeur ; ce n'est donc pas le besoin que l'on éprouve de cet objet qui est satisfait quand, ne pouvant se le procurer, on s'en procure un autre de moindre valeur ; c'est un autre besoin. Aussi les objets de luxe de haute valeur conservent-ils toute leur valeur, quoiqu'on en produise de valeur moindre. Mais ce n'est là qu'un fait d'ordre secondaire, puisqu'on peut se passer de produits de luxe, et cela n'empêche pas la valeur de tendre, en général, à limiter la rente.

L'ordre établi par la valeur est continuellement troublé par diverses causes. Ces causes sont : 1° le mauvais choix des nouveaux travailleurs, qui se portent en trop grand nombre vers de certaines industries, et en trop petit nombre vers d'autres ; 2° les inventions nouvelles, qui permettent d'économiser du travail dans les industries qu'elles affectent, et qui rendent ainsi nécessaire une modification de la distribution du travail ; 3° enfin, les variations de la consommation, qui cesse souvent de demander un objet pour en demander un autre, pouvant rendre les mêmes services. Mais la valeur rétablit sans cesse l'ordre dans la production, en ramenant toujours l'offre à se conformer à la demande.

CHAPITRE IX

DE L'INSUFFISANCE DE LA VALEUR

La valeur est loin de remplir son rôle d'une façon parfaite. Elle ne dirige la production que d'une manière très défectueuse.

Pour ne pas perdre de travail, il faut évidemment que

l'on sache, avant de travailler, ce que l'on doit produire. Si on ne le sait pas, on sera exposé à produire trop de certaines choses et, par suite, à ne pas pouvoir en produire suffisamment d'autres.

Ce que l'on doit produire, c'est ce que les besoins exigent. Or, la production doit avoir lieu avant que les besoins se fassent sentir. Si l'on procède autrement, les besoins ne pourront être satisfaits que tardivement, et l'on sera en proie aux privations. On sera même exposé à périr : si l'on attendait d'avoir faim pour cultiver la terre, on périrait d'inanition, longtemps avant le moment de la récolte.

Pour produire ce qui est nécessaire à la satisfaction des besoins avant qu'ils se fassent sentir, il faut savoir ce dont on aura besoin quand la production sera achevée. Or, cela ne se peut pas toujours, du moins d'une façon suffisamment précise.

Cela se peut lorsque le travail n'est pas divisé. Le travailleur, n'ayant pas alors à échanger ses produits, n'est dans la nécessité de connaître, avant la production, que ses besoins futurs à lui-même. Or, il le peut sans difficulté.

Cela se peut encore quand le travail n'est divisé que dans la famille. Le travailleur ne produit plus alors pour lui-même individuellement ; il produit pour la famille dont il fait partie. Mais comme le nombre des consommateurs de cette communauté est connu, et, de plus, est peu élevé, il est encore possible de savoir, avant de commencer la production, quels sont les besoins que son fruit devra satisfaire.

Mais cela ne se peut plus lorsque le travail est divisé entre les familles. Le nombre des consommateurs pour lesquels chacun travaille est alors si grand qu'il est inconnu. En outre, il varie continuellement, soit par suite de la multiplication de l'espèce, soit parce que de nouveaux travailleurs adoptent la division du travail.

Les variations de la valeur n'indiquent pas ce qui doit être produit, elles indiquent si le fruit de la production qui vient d'être achevée est ou n'est pas conforme aux besoins qu'il est destiné à satisfaire. Elles n'empêchent pas qu'il se produise des pertes de travail : elles indiquent seulement s'il s'en produit ou s'il ne s'en produit pas.

Ces indications sont, il est vrai, utiles pour l'opération de production qui suivra ; mais elles sont insuffisantes, car les besoins varient, et sont sujets à augmenter, par suite de l'augmentation de la population.

De plus, il ne suffit pas de savoir ce qui doit être produit, il faut encore que le travail soit distribué de manière à ce que cela soit produit, et, à ce point de vue encore, l'action de la valeur est insuffisante.

Sans la division du travail, cette distribution se fait exactement. Le travailleur ne peut ignorer que si sa production n'est pas conforme à ses besoins, il perdra du travail. Il ne peut espérer alors, comme il le pourrait dans d'autres conditions, qu'en sacrifiant une certaine quantité de travail, il pourra éviter d'en perdre une plus grande quantité.

Il en est encore de même lorsque le travail n'est divisé que dans la famille. Sans doute, si chaque membre de la famille était libre de produire ce qu'il lui plairait, il pourrait alors arriver que la production ne fût pas conforme aux besoins, quoique, dans ce cas, on connaisse à l'avance, ce qui doit être produit. Mais il existe alors une autorité qui permet de parer à cet inconvénient : c'est celle du père de famille, qui fixe à chacun ce qu'il doit produire, pour que les besoins de la communauté puissent être satisfaits.

Mais il n'en est plus ainsi lorsque le travail est divisé entre les familles, ou entre travailleurs de familles différentes. Chacun peut alors se demander s'il ne lui est pas plus avantageux de rester dans son industrie, lorsque les travailleurs y sont trop nombreux, que de passer dans une autre, et il n'existe personne qui possède l'autorité nécessaire pour distribuer le travail.

Ce sont alors les variations de la valeur qui distribuent le travail comme il doit l'être. La diminution de la valeur des produits, qui a lieu dans les industries où il est employé trop de travail, contraint un certain nombre des travailleurs de ces industries à les abandonner ; l'augmentation de cette même valeur, dans les industries où il est employé trop peu de travail, fait qu'il est plus avantageux aux travailleurs d'exercer ces industries que d'en exercer d'autres, et ils y deviennent plus nombreux.

Mais ces variations n'empêchent pas qu'il soit perdu du travail. D'abord, elles n'ont lieu que parce qu'il se produit des pertes de ce genre ; ensuite, elles ne font pas qu'il cesse de s'en produire immédiatement, car il peut se faire qu'aucun travailleur ne se décide à changer d'industrie qu'après avoir subi encore beaucoup de pertes, ou qu'un trop grand nombre de travailleurs ne se décident à un tel changement, ce qui est encore une cause de pertes.

Ainsi, les variations de la valeur ne se produisent qu'après qu'il a été perdu du travail ; elles n'indiquent que très approximativement ce qui doit être produit pour qu'il n'en soit plus perdu, et elles n'empêchent pas qu'il continue de s'en perdre.

CHAPITRE X

DES EFFETS DE LA VALEUR DANS LES RAPPORTS DE L'OFFRE ET DE LA DEMANDE DE TRAVAIL

On n'offre et l'on ne demande pas que des produits ; on offre et on demande aussi du travail. Or, dans cette seconde sorte d'échanges, les effets de la valeur sont encore plus insuffisants que dans la première.

La valeur ne peut agir que si l'offre et la demande se trouvent en rapports entre elles, et, pour qu'il en soit ainsi, il faut que le producteur et le consommateur fassent des efforts pour se mettre en relations entre eux. Toutefois, ceux que doit faire le consommateur sont restreints, et c'est surtout au producteur qu'incombe le soin de faire de tels efforts. Or, ces efforts ont moins de succès quand il s'agit de travail que quand il s'agit de produits.

Dans l'échange de produits, ils coûtent peu, proportionnellement à la quantité de produits échangée, car cette quantité n'est pas limitée, et se trouve, en général, assez grande.

Le peu de coût de ces efforts permet au producteur d'en faire dans les localités autres que celle qu'il habite, et l'offre et la demande de produits se mettent en relations, même quand elles ont lieu dans des localités différentes.

Si, au surplus, le producteur ne peut faire ces efforts, comme les produits peuvent toujours se conserver pendant quelque temps, il s'établit des entrepreneurs nommés *commerçants* ou *négociants*, qui demandent les produits et se chargent de faire les efforts nécessaires pour que les rapports entre l'offre et la demande s'établissent, et ces rapports ont lieu, même quand l'offre et la demande se produisent dans des localités différentes.

Dans l'échange de travail, les efforts du producteur sont très coûteux, relativement à la quantité de travail échangée, car cette quantité, ne comprenant que le travail que le producteur peut effectuer lui-même, est toujours très petite.

Le coût élevé de ces efforts ne permet pas au producteur d'en faire dans les localités autres que celle qu'il habite, et l'offre et la demande ne se mettent pas en relations, quand elles ont lieu dans des localités différentes.

Ce producteur peut aussi, il est vrai, recourir à des intermédiaires pour obtenir cette mise en relations, mais il ne peut pas en tirer autant de services que les producteurs d'objets de consommation en tirent des leurs.

Le travail, ne pouvant être conservé, ne peut être demandé pour être offert à nouveau. Les seuls intermédiaires qui peuvent être employés dans ce cas, sont donc les placeurs, qui se bornent à attendre l'offre et la demande, et à les mettre en relations entre elles.

Ces intermédiaires ne peuvent guère non plus les mettre en relations quand elles se produisent dans des localités différentes, de sorte que ces rapports ne laissent pas d'être impossibles dans ce cas.

La valeur ne peut donc distribuer le travail aussi complètement qu'elle distribue les produits.

CHAPITRE XI

DE LA DISTRIBUTION DU TRAVAIL PAR LA VALEUR AU POINT DE VUE DES DIFFICULTÉS QU'IL PRÉSENTE

Le travail n'est pas non plus distribué par la valeur de la manière la plus avantageuse à la production.

Pour que la division du travail soit aussi avantageuse à la production que possible, il ne suffit pas qu'il y ait, dans chaque industrie, autant de travailleurs qu'il en faut pour produire tout ce qui est nécessaire à la satisfaction des besoins : les travaux divers qu'il faut effectuer offrent de grandes différences entre eux, au point de vue des difficultés qu'ils présentent, il faut donc encore, pour que la production puisse se développer autant que le permettent les moyens dont on dispose, que les travailleurs les plus capables soient chargés des travaux les plus difficiles, les moins capables, des plus faciles, et ceux de capacité moyenne, des travaux présentant des difficultés moyennes. Or, la valeur ne les distribue pas ainsi d'une manière certaine et assurée.

La valeur distribue le travail d'après la quantité et la qualité des produits offerts par les travailleurs ; elle permet à ceux qui en produisent de bons en quantité suffisante, de continuer à exercer leur industrie, et elle contraint ceux qui en produisent de mauvais, ou qui n'en produisent qu'une quantité insuffisante, à renoncer à la leur, et à en exercer une autre, où la production soit plus facile.

Mais les produits d'un travailleur ne sont pas toujours la mesure exacte de sa capacité. Pour qu'ils le soient, il faut que chacun puisse faire usage de sa capacité avec autant de facilités que les autres, et pour cela, il faut que chacun possède, préalablement à tout travail, autant d'instruments de travail que les autres, ou, tout au moins, qu'il en possède une certaine quantité. S'il n'en est pas ainsi, les produits n'indiquent pas exactement le degré de capacité du producteur, et la distribution du travail n'est pas opérée par la valeur, de la manière la plus avantageuse à la production.

Mais ce résultat n'est pas imputable à la valeur, il est dû à la mauvaise organisation de la propriété, qui ne donne pas à tous les travailleurs, d'égales facilités pour faire usage de leur capacité. Il n'indique donc pas l'existence d'un défaut de la valeur,

CHAPITRE XII

DE LA MONNAIE

L'échange de produits contre produits, ou troc, est une opération difficile et laborieuse. Pour pouvoir échanger sans difficultés les produits que l'on possède contre d'autres produits, il faut trouver quelqu'un qui possède ceux que l'on désire, et qui ait besoin de ceux que l'on offre, et cela n'est possible que très rarement. Très souvent, ceux qui possèdent ce que l'on désire n'ont pas besoin de ce que l'on offre, et ceux qui ont besoin de ce que l'on offre ne possèdent pas ce que l'on désire. Il faut alors procéder à deux ou à plusieurs échanges successifs pour parvenir à se procurer ce dont on a besoin. Il faut d'abord se procurer ce que désirent ceux qui le possèdent, et, pour ce nouvel échange, on se trouve en face des mêmes difficultés que pour le premier : ceux qui possèdent ce que désirent ces producteurs peuvent n'avoir pas besoin de ce que l'on offre. Cela peut se reproduire un très grand nombre de fois avant que l'on trouve quelqu'un avec qui on puisse échanger sans recourir à l'emploi d'un produit intermédiaire. Ces échanges successifs exigent beaucoup de temps ainsi que beaucoup de travail, pour les recherches qu'ils rendent nécessaires, et pour le transport des produits échangés. Dans ces conditions, la division du travail offre peu d'avantages.

D'autre part, les produits n'ont pas tous la même valeur, et les travailleurs qui produisent des objets de valeur élevée ont souvent besoin de demander, en échange de l'un de leurs produits, des objets de faible valeur de diverse nature. Ces producteurs ne peuvent diviser le produit qu'ils ont à échanger, car cela lui ferait perdre toute utilité et toute valeur. L'échange serait alors complètement impossible, si ces producteurs n'échangeaient pas d'abord leur produit contre un produit divisible.

Il a donc fallu trouver un moyen d'éviter les échanges successifs, et de permettre aux producteurs d'objets coûteux de se procurer, en échange de leurs produits, un produit divisible. Ce moyen a été l'emploi de monnaie.

L'usage de ce moyen s'est établi spontanément. Les hommes n'ont pas tardé à s'apercevoir que les produits qui se consommaient le plus et, parmi ceux-là, ceux qui se divisaient le plus facilement, s'échangeaient beaucoup mieux que les autres ; ils ont donc accepté ces objets en échange des leurs, même sans en avoir besoin, parce que ces objets étaient ceux qui leur offraient le plus de chances de succès dans leurs tentatives d'échange. Il en est résulté que ces objets ont encore été plus demandés, et qu'ils ont encore pu s'échanger avec plus de facilité qu'auparavant, de sorte que leur usage comme instrument d'échange s'est développé et perpétué. Il a suffi désormais d'échanger produits contre monnaie et monnaie contre produits, pour se procurer ce dont on avait besoin.

L'usage de monnaie n'a pas tardé à se perfectionner. On s'est aperçu qu'il était avantageux d'employer, comme monnaie, des matières pouvant se conserver longtemps, et ayant une grande valeur, afin que leur transport fût peu coûteux, et l'on a substitué de telles matières aux produits de grande consommation, qui se conservent médiocrement, et ont une faible valeur. On a reconnu aussi qu'il était utile d'éviter d'avoir à essayer et à peser la monnaie. Quelques personnes ont d'abord garanti le poids et le titre de la monnaie qu'elles donnaient, mais cela n'était pas suffisant, et l'État s'en est chargé, en établissant des pièces de monnaie dont toute la surface est couverte par des empreintes donnant ces garanties, et l'on est ainsi arrivé à la forme actuelle de la monnaie.

La forme de l'échange n'est pas alors modifiée pour ceux qui produisent les matières premières qui servent à former la monnaie : la monnaie étant leur produit, ce sont toujours des produits qu'ils échangent contre des produits. Mais cette forme est modifiée pour les autres producteurs : ceux-ci échangent leurs produits contre de la monnaie, puis, la monnaie qu'ils reçoivent contre des produits. Le premier de ces échanges se nomme *vente*, le second, *achat*, et la quantité de monnaie échangée contre un produit quelconque est le *prix* de ce produit.

CHAPITRE XIII

DU ROLE DE LA MONNAIE

Le rôle de la monnaie est, comme nous venons de le dire, de rendre l'échange plus facile et moins coûteux. Mais il est indispensable de se rendre bien compte de la manière dont elle le remplit.

Toute demande de produits se fait au moyen d'une offre de produits. Dans le troc, on offre directement produits contre produits. Lorsqu'il existe de la monnaie, on offre de la monnaie contre des produits ; mais cette offre de monnaie ne fait que représenter une offre de produits, qui a lieu en même temps.

Les producteurs d'objets de consommation doivent alors offrir des produits de leur industrie aux producteurs de monnaie, afin de se procurer la monnaie qu'ils doivent s'offrir les uns aux autres, pour se demander réciproquement des produits. Mais ils ne doivent pas se faire ensuite les uns aux autres, seulement des offres de monnaie : s'ils procédaient ainsi, la monnaie qu'ils s'offriraient réciproquement ne pourrait être échangée, car il ne serait pas offert d'objets de consommation, puisque eux seuls peuvent en offrir. Ils doivent donc, pour se procurer les objets de consommation dont ils ont besoin, en même temps qu'ils s'offrent de la monnaie, s'offrir aussi des produits. Ainsi, la monnaie qu'ils offrent, ne fait que représenter, dans la demande, des produits qu'ils offrent en même temps. Le rôle de la monnaie est donc de représenter, dans la demande, les produits offerts par le demandeur.

Toutefois, la monnaie que les producteurs d'objets de consommation offrent en échange de produits, ne représente pas une valeur tout à fait égale à celle des produits qu'ils offrent en même temps. La production d'un objet utile a toujours lieu; elle diminue sans doute dès qu'elle donne aux travailleurs moins de ressources que celle d'autres objets ; mais cette diminution a pour effet de la rendre aussi avantageuse que cette dernière, et, par suite, de l'empêcher de disparaître. Il résulte de cela que la production de monnaie a toujours lieu, et qu'il est toujours offert de la monnaie par ceux qui en produisent. Or, ce fait empêche la valeur de la monnaie des producteurs d'objets de consommation, d'être aussi élevée que celle de leurs produits, cette dernière étant toujours égale à celle de la totalité de la monnaie offerte en échange de ces produits.

Ainsi, dans l'échange entre producteurs d'objets de consommation, la monnaie offerte par chacun d'eux représente le fruit de sa production, déduction faite de ce qu'il doit en abandonner aux producteurs de monnaie. Il est vrai que la différence qui existe entre la valeur de la monnaie offerte par certains producteurs d'objets de consommation, et celle des produits qu'ils offrent, n'est pas toujours celle qu'exige la production de monnaie : quand la production d'un de ces producteurs diminue, ce producteur offre une valeur plus grande en monnaie qu'en produits, et quand, au contraire, la production de l'un d'eux augmente, ce producteur offre une valeur plus grande en produits qu'en monnaie. Mais cela n'infirme nullement la règle que nous venons de formuler : dans le premier cas, le producteur d'objets de consommation, offrant une certaine quantité de monnaie sans en offrir l'équivalent en produits, remplit le rôle de producteur de monnaie ; dans le second, l'offre de produits supplémentaires constitue la demande d'un supplément de monnaie, à ceux qui en produisent.

Il arrive aussi que certains producteurs d'objets de consommation thésaurisent, c'est-à-dire, s'abstiennent d'offrir contre des produits, une partie de la monnaie qu'ils possèdent, quoiqu'ils en offrent l'équivalent en produits. Toute la partie du fruit de leur production, qui n'est pas représentée dans la demande par de la monnaie, constitue alors la demande d'un supplément de monnaie à ceux qui en produisent. Quand ensuite, la monnaie thésaurisée est offerte contre des objets de consommation, le thésaurisateur remplit le rôle de producteur de monnaie, en ce qui concerne cette offre.

Lorsqu'il est demandé un supplément de monnaie à ceux qui en produisent, et qu'ils ne peuvent le fournir, la valeur de la monnaie augmente, et tous les producteurs d'objets de consommation offrent une aussi grande valeur en monnaie qu'en produits. Ils remplissent tous ainsi le rôle de producteurs de monnaie, pour une partie de la monnaie qu'ils offrent.

Ce n'est pas seulement lorsqu'on l'échange contre des

objets de consommation, que la monnaie offerte représente des objets de consommation ; c'est dans tous les échanges. On peut ramener à cinq divisions principales, toutes celles qui s'établissent dans le travail qui produit une sorte quelconque d'objets de consommation : l'exploitation des agents naturels, le commerce des matières premières, l'industrie qui les transforme, le commerce de gros en objets de consommation, et le commerce de détail. Aucun de ceux qui exercent l'une de ces cinq professions ne peut payer ses fournisseurs avec ses produits, puisque ceux-ci ne peuvent être utilisés que par ses clients ; aucun d'eux ne peut donc les payer qu'avec ce que le dernier d'entre eux, qui est le détaillant, reçoit des siens. S'il n'existait pas de monnaie, le détaillant ne pourrait recevoir de ses clients que des objets de consommation.

Il ne pourrait accepter que cela, aussi bien de ceux qui feraient partie de la même industrie que lui, que de ceux qui n'en feraient pas partie. Il ne peut accepter des uns, que ce qu'il peut faire accepter aux autres. Or, les travailleurs d'aucune branche de la production ne peuvent accepter, en échange de leurs produits, des agents naturels, des matières premières, des machines, des outils, etc., des autres branches, puisque ces choses ne sont pas de celles qu'ils peuvent employer. Le détaillant ne pourrait donc donner, en échange de ce qu'il recevrait, que des objets de consommation. Par conséquent, aucun producteur ne pourrait offrir à ses fournisseurs, que des objets de consommation. Toute la monnaie que les producteurs donnent à leurs fournisseurs, représente donc des objets de consommation, et non les bâtiments d'exploitation, les matières premières, les machines, les outils et les autres choses du même genre, contre lesquelles elle est échangée.

En remplaçant les objets de consommation dans ces échanges, la monnaie rend encore de grands services à la production. Si elle n'existait pas, tout producteur, pour pouvoir faire accepter par ses fournisseurs ce qu'il leur offrirait, devrait s'informer de ce dont ils auraient besoin. Si l'on songe que le producteur doit avoir vendu avant que de pouvoir acheter, souvent même avant que de savoir à qui il pourra acheter, on reconnaîtra que cette recherche présenterait d'immenses difficultés.

CHAPITRE XIV

DES DÉFAUTS DE LA MONNAIE

Aucun produit ne peut être accepté comme instrument d'échange, ou monnaie, s'il ne remplit les conditions suivantes :

1° Pouvoir être divisé sans perdre sa valeur ;

2° N'avoir rien à craindre des injures du temps ;

3° Avoir une valeur élevée ;

4° Avoir une valeur peu variable.

Les produits qui doivent être échangés contre de la monnaie diffèrent de valeur presque à l'infini ; il faut donc, pour qu'un produit puisse être employé comme monnaie, qu'il puisse représenter une infinité de valeurs différentes, et, pour cela, il faut évidemment qu'il puisse se diviser sans perdre sa valeur.

Nul ne peut accepter un produit en échange des siens que s'il est assuré de pouvoir en faire usage ; tout produit qui se détériore rapidement serait bientôt impropre à faire fonction de monnaie ; on ne peut donc employer à cet usage, que des produits qui ne se détériorent pas, ou se détériorent peu.

La monnaie étant, en général, continuellement échangée, doit être continuellement transportée, et, parfois, à de très grandes distances. Si le transport en était coûteux, l'emploi en serait peu avantageux, et pourrait même ne présenter aucun avantage. Pour que la monnaie rende les services que l'on en attend, il faut donc qu'elle puisse être transportée à peu de frais, et, pour cela, qu'elle ait une valeur élevée, relativement à son volume et à son poids.

Lorsque la valeur de la monnaie augmente, la rente, l'intérêt, les salaires se trouvent augmentés, car le taux n'en diminue pas aussitôt que diminue le prix des produits, et il peut résulter de cela une réduction de la production, car il peut en résulter des pertes pour les entrepreneurs.

L'augmentation de la valeur de la monnaie, ou diminution du prix des produits, est quelquefois due à une augmentation de la productivité du travail, c'est-à-dire, à la multiplication des produits. Dans ce cas, l'augmentation de la rente, de l'intérêt, des salaires, est sans inconvénient pour les entrepreneurs, puisque ceux-ci obtiennent une plus grande quantité de produits.

Mais l'augmentation de la valeur de la monnaie peut aussi provenir de ce que la production de monnaie diminue, ou n'augmente pas dans la même proportion qu'augmente la production d'objets de consommation causée par l'augmentation de la population. L'augmentation de la rente, de l'intérêt, des salaires, met alors les entrepreneurs en perte, et il résulte de cela que quelques-uns d'entre eux se ruinent, et, par suite, que la production diminue. L'augmentation de la valeur de la monnaie est donc alors nuisible à la production.

Cette augmentation se produit encore d'une troisième manière : c'est lorsque la production se développe sans que la consommation se développe aussi de manière à l'égaler. Les entrepreneurs éprouvent encore, dans ce cas, des pertes qui font diminuer la production. Mais comme ces pertes se produiraient également si l'on n'employait pas de monnaie, ce n'est pas l'augmentation de la valeur de la monnaie qui les cause.

Lorsque la valeur de la monnaie diminue, la rente, l'intérêt, les salaires subissent une diminution, et il peut aussi résulter de cela, une diminution de la production.

La diminution de la valeur de la monnaie est quelquefois due à une diminution de la production générale, comme, par exemple, à une mauvaise récolte. Dans ce cas, elle n'est point nuisible à la production ; elle y est utile. La diminution de la rente, de l'intérêt et des salaires qui en résulte, épargne des pertes aux entrepreneurs, et permet ainsi à la production générale de rester ainsi élevée que possible.

Mais la diminution de la valeur de la monnaie est aussi due quelquefois à l'augmentation de la production de monnaie, provenant de ce que cette production devient moins coûteuse, et elle est alors nuisible à la production d'objets de consommation. L'usage de monnaie, faisant diminuer le temps nécessaire à l'échange, fait diminuer le temps nécessaire à la production d'objets de consommation, et permet ainsi d'en produire davantage. Mais il fait diminuer ce temps plus ou moins, selon que la production de la monnaie coûte moins de temps ou en coûte davantage. Lorsque la production de monnaie devient moins coûteuse, il devient plus avantageux d'employer son travail à en produire, que de l'employer de toute autre manière, et un plus grand nombre de travailleurs produisent de la monnaie ; ce qui fait que la production de monnaie absorbe plus de travail et que, par suite, les objets de consommation en coûtent davantage, et deviennent moins nombreux.

Beaucoup de gens prétendent, au contraire, que la hausse des prix, ou diminution de la valeur de la monnaie, fait augmenter la production, parce qu'elle fait augmenter les profits des entrepreneurs, et les incite ainsi à capitaliser. La diminution du coût de production de la monnaie fait augmenter l'activité de la production, car elle fait que les capitaux et le travail sont plus demandés pour la production de monnaie, sans l'être moins pour celle d'objets de consommation. Mais elle n'est point pour cela avantageuse à la production ; elle y est, au contraire, nuisible, comme nous venons de le dire. Elle fait qu'il passe des capitaux et du travail des industries qui produisent des objets de consommation, dans celle qui produit de la monnaie, jusqu'à ce que les profits et les salaires soient aussi élevés dans celles-là que dans celle-ci. Elle rend donc les objets de consommation moins abondants.

La perte qui résulte de cette diminution de production, retombe sur tout le monde. Les capitaux et le travail étant toujours en même quantité, le montant en monnaie des profits et le taux des salaires augmentent seulement en raison de la multiplication de la monnaie. Mais les produits étant moins abondants, les prix n'augmentent pas seulement parce que la monnaie est devenue plus abondante ; mais encore parce que les produits sont devenus moins abondants. Les prix augmentent donc plus fortement que le montant en monnaie des profits, et que le taux des salaires ; de sorte qu'aucun consommateur ne peut plus se procurer autant de produits qu'auparavant, quoique tous disposent d'une plus grande quantité de monnaie.

Les variations de la valeur de la monnaie, quand elle sont dues à ce que la production en augmente ou en diminue, étant nuisibles à la production, on ne peut donc employer comme monnaie, aucun produit dont la valeur soit, pour cette cause, sujette à varier fortement.

L'or et l'argent, que l'on emploie présentement comme monnaie, sont les produits qui remplissent le mieux les conditions requises pour servir d'instruments d'échange.

Ils peuvent se diviser sans perdre leur valeur, car,

après avoir divisé un lingot de l'un ou de l'autre en plusieurs parties, on peut réunir toutes ces parties les unes aux autres, de manière à reformer le lingot primitif.

Fortement réfractaires aux combinaisons chimiques, ils peuvent se conserver indéfiniment sans altération. L'usure que produit la circulation,est la seule cause de la destruction de la monnaie d'or et d'argent, et cette usure est très lente.

Leur valeur, comme celle des autres métaux, est très peu variable. La production minière, en effet, ne se ressent qu'indirectement, et, par suite, que fort peu, des variations de la température, qui influent si fortement sur la production agricole.

Enfin, l'or et l'argent, mais l'or beaucoup plus que l'argent. sont naturellement rares, relativement à la demande qui en est faite. Ils ont donc une haute valeur.

Cependant, parmi ces conditions, il en est une que ces métaux ne remplissent que d'une manière très imparfaite : c'est celle de la fixité de la valeur.

La valeur de ces métaux augmente quand la population augmente, ou quand la production des mines d'où on les tire diminue ; elle diminue quand la population diminue, ou que l'on découvre des mines nouvelles plus riches que celles qui sont déjà exploitées, ou que quelques-unes d'entre elles.

Les variations de la population sont peu nuisibles à la stabilité de la valeur, car elles ne sont jamais très fortes. Mais il n'en est pas de même de celles de la production des mines, car ces dernières peuvent être très fortes,

On ne peut combattre la baisse de la valeur de la monnaie que par la démonétisation, opération toujours onéreuse. Quant à l'augmentation, on la combat avec avantage au moyen du billet de banque, dont nous parlerons plus loin.

La monnaie présente encore l'inconvénient de donner naissance à un mode d'épargne nuisible à l'abondance des richesses. Les accidents, les maladies, la vieillesse mettent toujours l'homme dans l'impossibilité de travailler pendant une partie de son existence. Quand il peut travailler, l'irrégularité de la température ou l'instabilité des conditions de l'échange l'empêchent souvent de tirer de son travail, assez d'objets de consommation pour satisfaire complètement ses besoins Lors donc qu'il peut tirer de son travail plus que son nécessaire quotidien, il doit le faire, et conserver une partie de ses produits, afin de pouvoir satisfaire ses besoins quand il ne pourra pas travailler, ou ne tirera pas de son travail quotidien, autant d'objets de consommation qu'il lui en faudra. En un mot, il doit épargner.

L'usage de monnaie fait que l'on épargne de la monnaie, et non des produits Les produits sont encombrants et se détériorent en général rapidement ; il est donc plus avantageux d'épargner de la monnaie, et d'acheter des produits, quand on en a besoin.

Mais il résulte de cela que ce qui est produit en vue de l'insuffisance de la production, c'est de la monnaie, et non des objets de consommation. L'épargneur offre les produits qui forment son épargne contre de la monnaie, et ces produits sont consommés par ceux qui produisent le supplément de monnaie demandé, ce qui fait qu'il n'est pas conservé de produits pour le moment où l'on en manquera. Ce mode d'épargne est donc nuisible à la production.

De plus, ce mode d'épargne, faisant augmenter la valeur de la monnaie quand il a lieu, et la faisant diminuer quand la monnaie épargnée est employée à l'achat d'objets de consommation, donne naissance aux inconvénients qui découlent, au point de vue de la production, des variations de la valeur de la monnaie.

Toutefois, ce mode d'épargne, ou thésaurisation, cause aujourd'hui peu de troubles dans la production, car il n'a lieu que très peu. Presque tout ce qui est épargné aujourd'hui est capitalisé, et la production, bien loin de se trouver insuffisante, est souvent excessive, comme nous le verrons, lorsque nous traiterons de la capitalisation.

CHAPITRE XV

DU MONOMÉTALLISME ET DU BIMÉTALLISME

La valeur du métal dont une partie est employée comme monnaie, est naturellement formée par l'ensemble de ce qui est offert en échange de ce métal ; elle est donc formée par l'ensemble des offres de ceux qui veulent employer ce métal comme objet de consommation et de celles de ceux qui veulent l'employer comme instrument d'échange. Par conséquent, cette valeur a toujours alors une même origine, quel que soit l'usage qui est fait de ce métal, et toutes quantités égales de ce métal ont une égale valeur.

Lorsqu'il en est ainsi, le métal se distribue entre ceux qui veulent en faire un objet de consommation, d'une part, et ceux qui veulent l'employer à l'échange, d'autre part, proportionnellement à leurs offres respectives.

Mais lorsque l'Etat garantit le poids et le titre des pièces de monnaie, il peut modifier cette distribution : il peut alors s'attribuer le droit de fixer la quantité de métal qui sera employée comme monnaie, et rendre cette quantité plus forte ou plus faible que ne le ferait la concurrence.

Il peut aussi alors déclarer que les pièces de monnaie contiennent plus ou moins de métal qu'elles n'en contiennent réellement ; ce qui revient à prétendre simplement que cette distribution se trouve modifiée.

Quand l'Etat fait l'une ou l'autre de ces deux choses, la valeur de ce métal n'est plus la même dans tous les cas. Il a une plus grande valeur comme objet de consommation que comme instrument d'échange quand il en est employé trop comme monnaie, ou que l'Etat déclare que les pièces de monnaie contiennent moins de métal qu'elles n'en contiennent réellement ; et il a une plus grande valeur comme instrument d'échange que comme objet de consommation, quand il en est employé trop peu comme instrument d'échange, ou que l'Etat déclare que les pièces de monnaie contiennent plus de métal qu'elles n'en contiennent réellement.

Pour pouvoir exprimer ces différences de valeur, quand on veut en examiner les effets, on donne à la valeur de ce métal le nom de valeur intrinsèque, quand on le considère comme pouvant être employé à la consommation, et celui de valeur monétaire ou légale, quand on le considère comme pouvant être employé à titre d'instrument d'échange.

Ces différences de valeur du métal employé en partie comme instrument d'échange, sont toujours nuisibles à la production.

Lorsque la valeur monétaire est inférieure à la valeur intrinsèque, il est avantageux de démonétiser, c'est-à-dire, d'employer une partie du métal monnayé à des usages industriels, et quelques hommes se créent du revenu sans effectuer aucun travail utile, chose doublement nuisible à la production, car le travail de ces hommes est perdu pour elle, et les autres hommes subissent des pertes qui détruisent toujours une certaine quantité de capitaux.

Lorsque la valeur monétaire est supérieure à la valeur intrinsèque, il est avantageux d'augmenter la quantité du métal monnayé, et l'Etat réalise un profit par ce moyen. Mais lorsque les pièces de monnaie se multiplient, leur valeur ne diminue pas pour le payement des dettes, de la rente et de l'intérêt, tandis qu'elle diminue pour l'achat des produits. Par suite de cela, les propriétaires, les capitalistes, et tous ceux qui ont alors à recevoir de l'argent qui leur est dû depuis quelque temps, subissent des pertes. Or, ces pertes sont nuisibles à la production. D'abord, il est détruit des capitaux; ensuite, les propriétaires, les capitalistes, n'ayant plus aucune sécurité, le credit se resserre. Or, la destruction de capitaux et le resserrement du crédit font diminuer la production.

Ces pertes sont peu graves lorsqu'elles proviennent de ce qu'il n'a pas été frappé assez de monnaie, car l'Etat, tirant alors un profit du monnayage, fait frapper de la monnaie, dès que la valeur monétaire du métal dépasse sa valeur intrinsèque. Mais elles sont très fortes lorsqu'elles proviennent de ce que l'Etat affirme que les pièces de monnaie contiennent plus de métal qu'elles n'en contiennent réellement, ce qu'il fait en réduisant la quantité de métal qu'elles contiennent, et en exigeant qu'elles soient acceptées pour une même valeur qu'auparavant. La baisse de la valeur d'achat de la monnaie est alors très forte, car la diminution de la quantité du métal est toujours très forte. De plus cette baisse se renouvelle, car la réduction qui la cause se renouvelle.

Il est rarement arrivé que des gouvernements aient fait monnayer trop ou trop peu de métal, ou aient donné des pièces de monnaie en échange d'une valeur moindre que celle du métal qu'elles contenaient, et, quand cela est arrivé, ils n'ont pas tardé à cesser de le faire. Mais il est fréquemment arrivé que des gouvernements ont réduit la quantité de métal contenue dans les pièces de monnaie, en leur maintenant une même valeur libératrice, car cela leur permettait de se prétendre libérés, en ne payant qu'une partie de leurs dettes. Il a donc fallu prendre les mesures nécessaires pour mettre un terme à de telles pratiques, et pour en éviter le retour.

On y est parvenu en reconnaissant à tout particulier, le droit de faire frapper de la monnaie. C'est ce que l'on nomme la *liberté du monnayage*. Lorsqu'il en est ainsi, dès que la valeur intrinsèque se trouve, si peu que ce soit, inférieure à la valeur monétaire, ceux qui possèdent du métal non monnayé trouvent un profit à le faire monnayer, et cela rétablit immédiatement l'égalité entre les deux valeurs, car le métal se trouve employé en plus grande quantité, ce qui fait augmenter la valeur intrinsèque, et la monnaie devient plus abondante, ce qui fait diminuer la valeur monétaire. Les gouvernements se trouvent ainsi mis dans l'impossibilité d'émettre de la monnaie dont la valeur intrinsèque soit inférieure à la valeur légale, car une telle monnaie ne pourrait alors circuler.

Mais la monnaie ne peut être formée d'un seul métal. Il faut, comme nous le savons, qu'elle soit formée d'un métal de haute valeur, afin que le transport en soit peu coûteux. Mais un métal de ce genre ne peut représenter les très petites valeurs, car il faudrait, pour cela, en employer des quantités si faibles, que certaines pièces de monnaie seraient d'un maniement difficile, et se détruiraient ou se perdraient facilement. On se trouve ainsi dans la nécessité d'employer au moins trois métaux : un de haute valeur, un de valeur moyenne et un de faible valeur.

On ne peut accorder la liberté du monnayage pour le métal de faible valeur, car cela ferait reparaître l'inconvénient que l'on veut éviter, en employant comme monnaie, un métal de haute valeur. Aussi ne le fait-on pas. L'Etat se réserve le droit de faire frapper de cette sorte de monnaie, et, pour qu'il n'en abuse pas lui-même, la loi permet aux particuliers de refuser d'en accepter au delà d'une certaine quantité dans les payements, tandis qu'elle l'oblige lui-même à en recevoir en quantité illimitée. De cette manière, l'Etat ne peut en émettre qu'une quantité limitée, et si, malgré cela, il en émet encore plus que les besoins ne l'exigent, l'excédent lui rentre continuellement, et il n'en tire aucun profit. Par suite de ce que la frappe de cette monnaie est ainsi limitée, il n'est pas nécessaire que sa valeur intrinsèque soit égale à sa valeur monétaire, et elle y est ordinairement inférieure.

On donne à cette monnaie, le nom de *monnaie d'appoint*. L'autre monnaie, celle qui peut être frappée et employée en quantité illimitée, et dont la valeur intrinsèque doit être égale à la valeur monétaire, est dite *monnaie légale*.

Mais que doit-on faire à l'égard du métal de valeur moyenne? Doit-on lui reconnaître la qualité de monnaie légale, ou doit-on en faire une monnaie d'appoint? Si on lui reconnaît la qualité de monnaie légale, il y aura deux monnaies légales, et le régime monétaire sera celui que l'on nomme le *bimétallisme*. Si on lui refuse cette qualité, il n'existera qu'une seule monnaie légale, et le régime monétaire sera le *monométallisme*. Quel est le plus avantageux de ces deux régimes?

Si l'on accorde la qualité de monnaie légale à la monnaie formée du métal de valeur moyenne, la monnaie légale sera plus lourde et plus encombrante que si l'on accordait cette qualité, seulement à la monnaie formée du métal de haute valeur. A ce point de vue, le monométallisme est donc supérieur au bimétallisme.

Mais le stock monétaire doit augmenter dans la même proportion que la population, dont l'augmentation rend les produits plus abondants. S'il augmente moins, il se produit une hausse continuelle de la valeur de la monnaie, ce qui, comme nous l'avons vu, est nuisible à la production. Or, cela est moins à craindre avec le bimétallisme qu'avec le monométallisme. C'est donc ici le bimétallisme qui est le plus avantageux des deux systèmes.

D'ailleurs, le bimétallisme se produit nécessairement, au moins d'une manière temporaire. Lorsque sous le régime monométallique, le métal qui forme la monnaie légale devient de trop faible valeur pour que le transport de la monnaie soit facile et peu coûteux, il faut le remplacer par un autre de valeur plus élevée. Cela s'est déjà produit pour le fer et le cuivre, qui ont été employés comme monnaie légale, et qui ont dû être remplacés par d'autres, parce que leur valeur est devenue trop faible pour leur permettre de remplir ce rôle. Cela paraît vouloir se produire aujourd'hui pour l'argent, dont la valeur a fortement baissé depuis quelques années.

Or, il est impossible de retirer d'un seul coup, de la circulation, toute la monnaie légale, et de l'y remplacer immédiatement par une autre. Il faut l'en retirer peu à peu, et l'y remplacer par de la monnaie nouvelle, au fur et à mesure qu'on l'en retire. Par conséquent, il existe nécessairement parfois dans la circulation, deux monnaies légales en même temps.

Mais la valeur intrinsèque de chacun des deux métaux employés comme monnaie légale ne peut être telle qu'une quantité déterminée de l'un, vaille toujours une quantité invariable de l'autre. La valeur intrinsèque de l'un varie pendant que celle de l'autre reste stationnaire, ou augmente pendant que celle de l'autre diminue, ou enfin varie dans le même sens que celle de l'autre, mais dans une proportion différente. Il résulte de cela qu'une quantité déterminée de l'une des deux monnaies vaut une quantité tantôt plus petite, tantôt plus grande, de l'autre monnaie.

Cette instabilité de rapport entre la valeur des deux monnaies est une source d'inconvénients. Tout objet doit avoir deux prix, un en chaque monnaie. Dans toutes les opérations où la monnaie intervient, soit comme instrument d'échange, soit comme mesure des valeurs, il est nécessaire de spécifier la monnaie dont on parle. Tout cela est une cause de malentendus, de difficultés et de tromperies, et tend à rendre le bimétallisme inférieur au monométallisme.

On cherche à supprimer ces inconvénients du bimétallisme, et pour y parvenir, on établit, au moyen d'une loi, un rapport de valeur fixe entre les deux monnaies. Par exemple, on décide, ainsi que cela se fait actuellement en France, que ce qui peut être payé au moyen d'un kilo d'or monnayé pourra être payé aussi au moyen de quinze kilos et demi d'argent monnayé, ou, en d'autres termes, que la valeur monétaire de quinze kilos et demi d'argent sera égale à celle d'un kilo d'or.

Par ce moyen, on échappe à la nécessité d'avoir deux prix pour chaque objet, et de spécifier continuellement quelle est la monnaie dont on parle. En outre, on obtient un autre avantage, qui est de rendre moins variable la valeur intrinsèque de l'un et de l'autre des deux métaux.

Quand ce rapport n'existe pas, si la valeur intrinsèque de l'un des deux métaux diminue, l'augmentation du monnayage de ce métal, qui en résulte, ne fait diminuer que la valeur monétaire de ce métal : celle de l'autre ne saurait en être affectée. La valeur monétaire de ce métal subit donc seule la baisse qui est la suite nécessaire de celle de sa valeur intrinsèque.

Mais il n'en est pas de même quand le rapport légal est établi. Une quantité déterminée de l'une des monnaies valant toujours, dans l'échange, une quantité fixe de l'autre, on ne peut multiplier l'une d'elles sans que l'autre perde aussi de sa valeur monétaire.

Mais la valeur intrinsèque du métal formant cette dernière monnaie, n'ayant pas diminué, il devient désavantageux d'en faire frapper, et il n'en est plus frappé. On augmente donc la frappe de l'autre, non seulement parce que sa valeur intrinsèque a diminué, mais encore parce qu'on ne frappe plus du premier. En effet, la suspension de la frappe de ce dernier métal, fait que la valeur monétaire des deux métaux diminue plus difficilement, et qu'il faut frapper une plus grande quantité du métal dont la valeur intrinsèque est en baisse, pour ramener sa valeur monétaire au niveau de sa valeur intrinsèque. Il est donc alors employé comme monnaie, une quantité plus grande de ce dernier métal que si le rapport légal n'existait pas, et la valeur intrinsèque de ce métal diminue moins.

Mais le rapport légal ne fait pas comme le prétendent quelques économistes, que les prix des produits soient moins variables. Les prix sont plus ou moins élevés selon que la quantité de la monnaie est plus ou moins grande. Or, cette quantité est aussi grande quand le rapport légal existe que quand il n'existe pas. Dans ce dernier cas, on peut, il est vrai, continuer à faire frapper du métal dont la valeur intrinsèque n'a pas diminué, tandis qu'on ne le peut plus dans le premier. Mais, ainsi que nous venons de le voir, dans le premier, la frappe de l'autre métal augmente de manière à faire compensation.

Il est vrai que lorsque le rapport légal existe, les prix diminuent moins que ceux qui sont formés en monnaie devenant plus abondante, lorsque ce rapport n'existe pas. Mais ils diminuent plus que les prix en autre monnaie dans le même cas, puisque ces derniers ne diminuent pas. Ils diminuent donc, en moyenne, autant que si ce rapport n'existait pas.

Mais si le rapport légal offre des avantages, il présente aussi des inconvénients. Comme il est alors avantageux aux particuliers de faire frapper du métal en baisse, lorsqu'un métal employé comme monnaie devient de trop faible valeur pour pouvoir être employé commodément de cette manière, c'est néanmoins ce métal que l'on fait monnayer, et ce métal ne peut être éliminé de la circulation monétaire. Il tend, au contraire, à former seul, la monnaie, car, comme il n'est plus frappé de l'autre métal, la monnaie formée de ce dernier disparaît peu à peu. Le rapport légal tend donc à rendre la monnaie lourde et encombrante.

Lorsqu'il existe des pays monométallistes et des pays bimétallistes à rapport légal, ce rapport est une cause de pertes pour les pays bimétallistes. Les pays monométallistes font frapper du métal en baisse dans les autres, et l'échangent contre de la monnaie d'autre métal de ces pays, qu'ils importent chez eux. Ces pays se procurent ainsi, avec du métal en baisse, une quantité plus grande de l'autre métal que s'ils achetaient ce dernier non monnayé, et ce sont les autres pays qui perdent la différence.

Cette opération est si nuisible aux pays bimétallistes avec rapport légal, que tous les pays où ce système existe actuellement ont été contraints, pour la rendre impossible, de supprimer la liberté du monnayage pour le métal en baisse, ce qui constitue la suppression en fait du bimétallisme.

Ainsi, le rapport légal ne supprime certains inconvénients du bimétallisme, que pour lui en donner d'autres, qui ne sont pas moins graves.

D'après ce que nous avons dit au sujet du remplacement des métaux devenus de trop faible valeur intrinsèque pour remplir le rôle de monnaie, il semble que le régime naturel de la monnaie se compose d'alternatives de monométallisme et de bimétallisme sans rapport légal. Les hommes ont sans doute, dans chaque pays du moins, adopté d'abord comme monnaie, un seul métal, et se sont ainsi trouvés, en premier lieu, sous le régime monométallique. Quand ce métal, ayant baissé de valeur, a formé une monnaie trop lourde, on l'a remplacé par un autre, et l'on s'est trouvé sous le régime bimétallique, sans rapport fixe, jusqu'à ce que ce remplacement ait été complètement effectué. On s'est ensuite retrouvé sous le régime monométallique, qui a de nouveau dû disparaître, chaque fois que le métal employé est devenu de trop faible valeur, pour reparaître dès que ce métal a été remplacé.

Si ce régime est conforme à la nature des choses, il est certainement le meilleur, et l'on doit prendre les mesures nécessaires pour lui permettre de fonctionner librement ; par conséquent, supprimer le rapport légal.

Il ne peut pas seulement arriver que le métal qui est employé comme monnaie perde une grande partie de sa valeur ; il peut encore se faire que sa valeur augmente très fortement, ce qui est aussi, comme nous l'avons vu, nuisible à la production. Nous n'avons pas parlé, dans ce que nous venons d'exposer, de ce qui se passerait dans ce dernier cas, parce qu'on a trouvé, pour y remédier, un procédé plus avantageux que le remplacement du métal devenu trop rare par un autre métal. Ce procédé est l'emploi du billet de banque, dont nous allons parler.

CHAPITRE XVI

DU BILLET DE BANQUE

Malgré le bimétallisme, la monnaie ne peut pas toujours se multiplier autant que l'exige le bien de la production.

On peut la multiplier sans en augmenter la production, et même en en produisant moins. Elle ne disparaît pas à la suite du premier usage qui en est fait, comme le font, par exemple, les aliments; après avoir été employée à l'échange, elle peut y être employée de nouveau un grand nombre de fois, car elle n'est détruite que par l'usure, qui est très lente. Pour la maintenir aussi abondante qu'elle l'est, et même pour la rendre plus abondante, il n'est donc pas nécessaire de continuer à en produire autant qu'il en a été produit au début, il suffit d'en produire une très petite quantité.

Il résulte de cela que l'on peut multiplier la monnaie sans que le coût de production du métal dont elle est formée augmente, et, par conséquent, sans que le coût de production de la monnaie augmente.

Mais cela ne se peut pas toujours. La multiplication de la population, qui fait augmenter la demande de monnaie, en faisant augmenter la quantité des produits à échanger, est continuelle et progressive. Il faut donc arriver tôt ou tard à produire une plus grande quantité de monnaie, et le coût de production peut finir par devenir plus élevé. La monnaie ne peut plus alors être multipliée que si sa valeur augmente. Il faut donc arriver à employer un moyen quelconque pour empêcher la valeur de la monnaie d'augmenter.

Il se produit une augmentation de la valeur de la monnaie, avant celles qui sont causées par l'augmentation de la population. Il arrive que les propriétaires, les capitalistes, les salariés, ayant plus de monnaie qu'il ne leur en faut pour se procurer le nécessaire, en épargnent une partie, c'est-à-dire ne demandent pas aux entrepreneurs, les produits que représente une partie de la monnaie que ceux-ci leur remettent. Il résulte de cela que le prix des produits tend à diminuer, c'est-à-dire que la valeur de la monnaie tend à augmenter. Pour éviter cette augmentation, qui leur est préjudiciable, les entrepreneurs qui vendent à d'autres entrepreneurs, disposent alors d'un moyen qui consiste à vendre à crédit, les produits qu'ils ne peuvent vendre au comptant, puis, à vendre leur créance aux épargneurs, c'est-à-dire, à la leur offrir à l'escompte, afin de rentrer dans le capital immobilisé par le crédit. Ils se font ainsi rendre la monnaie épargnée ; cela leur permet de l'offrir contre du travail à des salariés, qui demandent en échange les produits vendus à crédit, et l'augmentation de la valeur de la monnaie se trouve ainsi évitée.

Mais lorsque c'est l'augmentation de la production et non l'épargne qui fait qu'une certaine quantité de produits ne peuvent être échangés, les épargneurs n'ont pas de monnaie à donner en échange des créances mises en vente, et les banquiers, qui servent d'intermédiaires entre les épargneurs ou rentiers, et les entrepreneurs non banquiers, ne peuvent en donner à ceux-ci, en échange de leurs créances. Pour y suppléer, ils créent des billets par lesquels ils s'engagent à verser de la monnaie, aux porteurs de ces billets, et ils les donnent à ceux qui ont des créances à escompter, aux lieu et place de monnaie. Ces billets sont ceux que l'on nomme *billets de banque.*

Ces billets sont facilement acceptés par tout le monde. Ils sont payables à présentation et au porteur, toujours exigibles, et formés de sommes rondes, ce qui en facilite la totalisation. Ceux qui les émettent sont considérés comme solvables, puisque les rentiers leur confient des fonds. De plus, ils ont beaucoup de débiteurs, lesquels n'ont pas à craindre d'éprouver des pertes en acceptant leurs billets. Chacun pouvant ainsi écouler ces billets, non seulement chez les banquiers émetteurs, mais chez un très grand nombre d'autres personnes, tout le monde les accepte sans difficultés, même ceux qui connaissent peu les émetteurs, et ces billets peuvent ainsi remplir le rôle de la monnaie qui fait défaut aux rentiers.

Ces billets permettent, dans une certaine mesure, de se passer de monnaie. L'entrepreneur qui en a reçu en échange de sa créance, s'en sert pour acheter des matières premières ou du travail, et cela les fait tomber entre les mains des consommateurs. Ceux-ci s'en servent pour acheter les produits vendus à crédit, ce qui les fait tomber entre les mains des débiteurs, lesquels s'en servent pour payer ce qu'ils doivent, c'est-à-dire, pour retirer des mains de la banque qui les a émis, le titre de créance sur eux, que celle-ci détient. Le payement des marchandises vendues à crédit se trouve ainsi effectué sans le secours de la monnaie.

L'augmentation de la production, due à l'augmentation de la population, n'est pas la seule chose qui fasse augmenter la valeur de la monnaie dans des conditions nuisibles à la production ; l'épuisement des mines qui produisent le métal a le même effet, puisqu'il cause une même modification de proportion entre la production de monnaie et la production d'objets de consommation. Le billet de banque rend, dans ce cas, les mêmes services que dans le précédent.

On donne aux billets de banque, comme aux autres billets dont nous allons parler, le nom de monnaie, accolé de diverses épithètes. C'est faire un usage impropre de ce terme. Ces billets sont des promesses de verser de la monnaie soit à présentation, soit à une époque indéterminée. De telles promesses peuvent être des instruments d'échange et tenir lieu plus ou moins complètement de monnaie ; mais elles ne sont pas de la monnaie.

Il existe des billets autres que ceux dont nous venons de parler, qui remplissent aussi l'office de monnaie. Ces billets revêtent presque tous la même forme que le billet de banque, et peuvent ainsi être confondus avec lui. Il est nécessaire d'éviter cette confusion, car quelques uns de ces billets, rendant les instruments d'échange abondants à l'excès, sont nuisibles à la production.

Ces billets sont : 1° ceux que l'on nomme monnaie représentative ; 2° ceux qui sont prêtés par les banques d'émission, soit à l'Etat, soit à des particuliers, dans ce dernier cas sur immeubles ou valeurs mobilières ; 3° le papier-monnaie.

On nomme monnaie représentative, des billets remis par les banques d'émission aux particuliers, contre le dépôt, dans leurs caisses, de lingots ou de monnaie. Ce fait se produit lorsque cette dernière se trouve lourde et encombrante. Il a pour but d'en éviter la manipulation aux particuliers. Ces billets, ne faisant que remplacer dans la circulation, la monnaie qui en est retirée, ne viennent pas augmenter la somme des instruments d'échange en circulation, et par conséquent, n'en font pas diminuer la valeur.

Les billets prêtés par les banques d'émission à l'Etat, ou sur des immeubles ou des valeurs mobilières appartenant à des particuliers, ne représentant ni produits introduits dans la circulation, ni monnaie déposée dans les banques, viennent augmenter la somme des instruments d'échange en circulation, et en font ainsi diminuer la valeur. Ces billets sont, il est vrai, remboursés à présentation par les banques qui les émettent ; mais comme ils ne peuvent l'être qu'au moyen de monnaie déposée en échange d'autres billets, et qui, par suite, devrait rester entre les mains de la banque, ils ne laissent pas d'augmenter la somme des instruments d'échange en circulation. L'émission de tels billets est donc nuisible à la production.

Le papier-monnaie consiste en billets émis par l'Etat

ou pour le compte de l'Etat. Lorsque celui-ci a besoin d'argent, et ne peut s'en procurer ni par l'impôt, ni par l'emprunt, il fait ce que font les particuliers quand ils ne peuvent s'en procurer ni par leur travail, ni par l'emprunt : il donne à ses fournisseurs des billets payables dans la suite. Ces billets diffèrent seulement de ceux des particuliers en ce qu'ils ne sont pas payables à date fixe, et que tout le monde est contraint de les accepter. Cette dernière différence fait que ces billets peuvent circuler comme la monnaie, et servir d'instruments d'échange, ce qui est impossible aux billets des particuliers. L'émission de tels billets fait aussi augmenter la somme des instruments d'échange en circulation, sans que les produits deviennent plus abondants ; elle en fait donc aussi diminuer la valeur, et elle est aussi nuisible à la production.

Ces billets sont aujourd'hui généralement émis par des banques privées et prêtés par elles à l'Etat, car ce système fait qu'ils sont acceptés beaucoup plus facilement par le public, et, par suite, qu'ils sont moins sujets à se déprécier. Le public, en effet, a généralement, et presque toujours avec raison, plus de confiance dans ces banques que dans l'Etat. Il résulte de cela que ces billets ont la même forme que ceux qui sont employés à l'escompte, et peuvent être confondus avec eux.

Si, au lieu de se placer au point de vue de la production générale, on se place à celui de la production nationale, on reconnaîtra que l'emploi de ces deux dernières sortes de billets a des conséquences particulièrement graves pour les peuples chez lesquels ils sont employés.

Ils ont pour effet d'y faire augmenter les prix, et, par suite, de faire qu'il est avantageux d'acheter à l'étranger sans que l'on puisse lui vendre, ce qui contraint la production de ces peuples à se restreindre. Ces peuples vivent alors sur leur capital, et non sur leur revenu, et ils s'appauvrissent.

Les billets prêtés par les banques d'émission à l'Etat, ou sur immeubles et valeurs mobilières appartenant à des particuliers, sont, en général, peu nombreux, et ne nuisent pas beaucoup à la production. Mais il n'en est pas de même du papier-monnaie, car il est très rare que les gouvernements qui en émettent, ne soient pas entraînés à en émettre une grande quantité. On achète d'abord à l'étranger avec de la monnaie, puis, quand on n'en a plus, avec des immeubles ou des valeurs mobilières. En même temps, les propriétaires, les capitalistes, les créanciers subissent des pertes, et le crédit disparaît pour faire place à la thésaurisation. De leur côté, les salariés sont contraints de faire des efforts continuels pour faire augmenter le taux des salaires, qui devient à chaque instant insuffisant, par suite de l'augmentation continuelle des prix, et ces efforts troublent la production. Il résulte de tout cela que la production diminue de plus en plus, et que le pays finit par se trouver réduit au dernier degré de la pauvreté.

Adam Smith a fait remarquer qu'un pays pouvait s'enrichir en remplaçant sa monnaie par des instruments d'échange en papier. Cela se peut en effet. Les banques d'émission peuvent draîner la monnaie par divers moyens, en la remplaçant dans la circulation par des billets, en généralisant l'emploi des chèques, en procédant à l'échange des créances, au moyen de ces établissements que les Anglais nomment *clearing-houses*. Elles placent à l'étranger la monnaie ainsi accumulée, en y achetant des immeubles, des valeurs mobilières, ou en y fondant des entreprises, et le capital improductif formé par la monnaie, se trouve ainsi échangé contre un capital productif. Les billets de banque créés à l'occasion de cette opération sont de la monnaie représentative. Seulement, au lieu de représenter des espèces métalliques déposées dans les caisses des maisons de banque, ils représentent des capitaux placés à l'étranger.

Cette opération, il est vrai, fait augmenter la somme des instruments d'échange sans que la quantité des produits à échanger augmente. Mais la dépréciation de la valeur de ces instruments, qui en résulte, n'étant point supportée uniquement par le peuple qui exporte son numéraire, cette opération ne laisse pas de lui être avantageuse.

Mais cette économie ne saurait être réalisée par tous les peuples : si tous les peuples voulaient se débarrasser de leur monnaie métallique, cette monnaie ne serait plus acceptée par personne, et personne ne pourrait plus en placer. De plus, même par un seul peuple, elle ne peut être réalisée complètement, car, ainsi que nous allons le démontrer, on ne peut se passer complètement de monnaie à valeur intrinsèque.

Si l'on peut quelquefois, au moyen du billet de banque, se passer de monnaie dans les échanges, ne le pourrait-on pas toujours ? Proudhon a cru que cela était possible, et a proposé, pour obtenir ce résultat, l'emploi d'une espèce particulière de billets, qu'il nomme *bons d'échange*. Si cela se pouvait, ces billets auraient réellement droit au titre de monnaie, et, quand cela ne permettrait pas de rendre le crédit à peu près gratuit, comme le prétend Proudhon, cela permettrait d'économiser le travail employé à la production de la monnaie métallique, et ce résultat vaudrait la peine que l'on cherchât à l'obtenir. Malheureusement, cela est impossible.

En ce qui concerne l'escompte de créances provenant de ventes à crédit, comme les billets qui entrent dans la circulation ne font que représenter des produits qui y entrent en même temps qu'eux, et que ces produits sortent de la circulation, il faut que ces billets sortent aussi de la circulation. Si cela n'a pas lieu, la somme des billets en circulation augmentera continuellement, tandis que la quantité des produits aussi en circulation n'augmentera pas, ce qui fera que la valeur des instruments d'échange subira une dépréciation qui ira sans cesse en augmentant.

Les billets de banque sortent, en effet, de la circulation, car, ainsi que nous l'avons vu, les débiteurs, après se les être procurés en échange de produits, s'en servent pour payer ce qu'ils doivent, ce qui fait que ces billets rentrent aux banques qui les ont émis, et se trouvent ainsi sortis de la circulation.

Mais il y a toujours des débiteurs qui, soit parce qu'ils ne peuvent pas se les procurer, soit parce qu'ils les emploient à d'autres usages, ne rendent pas ces billets aux banques. Actuellement, lorsqu'il en est ainsi, les banques réclament le payement de la traite ou du billet qu'elles ont escompté, à l'entrepreneur qui le leur a remis. Si ce dernier ne peut pas le leur payer non plus elles retirent elles-mêmes leurs billets de la circulation, par la faculté qu'elles laissent aux porteurs, de leur en réclamer le montant en numéraire. On parvient donc actuellement, à empêcher les billets de banque émis pour l'escompte de valeurs de commerce, de s'accumuler dans la circulation.

Mais s'il n'existait pas de monnaie à valeur intrinsèque, les banques ne pourraient retirer de la circulation, ceux de leurs billets qui ne leur seraient pas rendus soit par les acheteurs, soit par les vendeurs, car, si elles n'offraient rien en échange de ces billets, elles ne pourraient se les faire rendre, et elles ne pourraient rien offrir en échange, s'il n'existait pas de monnaie à valeur intrinsèque. La valeur des instruments d'échange irait donc alors sans cesse en diminuant.

Proudhon propose encore d'employer les bons d'échange, au prêt sur marchandises, au prêt sur hypothèque, au crédit sur caution et à la commandite. L'émission de ces bons ne serait pas alors accompagnée de l'introduction de produits dans la circulation. Il en serait ainsi, même pour le prêt sur marchandises, puisque les marchandises sur lesquelles il serait prêté, pourraient avoir donné lieu déjà, à l'émission de bons pour escompte de créances. Ces bons viendraient donc augmenter la somme des instruments d'échange en circulation, sans que celle des produits offerts à l'échange augmentât, tout comme le font aujourd'hui les billets de banque qui sont prêtés à l'Etat, ou ceux qui sont prêtés sur immeubles ou sur valeurs mobilières. Ils feraient donc, comme ces derniers, diminuer la valeur des instruments d'échange.

On peut émettre des bons d'échange autrement que comme on émet des billets de banque : on peut les introduire dans la circulation comme la monnaie y est introduite, c'est-à-dire de manière à ce que les producteurs d'objets de consommation soient contraints, pour s'en procurer, d'offrir en échange des produits de leur industrie, et non des titres de créance.

Dans un pays ne possédant pas encore de monnaie, l'Etat pourrait introduire ces bons dans la circulation, en les remettant à ses salariés et aux indigents, lesquels s'en serviraient pour demander des produits. Quand il y en aurait suffisamment, il cesserait d'en émettre, et demanderait à l'impôt les ressources dont il aurait besoin. Dans un pays possédant de la monnaie à valeur intrinsèque, l'Etat devrait d'abord supprimer la liberté du monnayage, puis, garder par devers lui, ce que les impôts lui fourniraient de cette monnaie, et n'effectuer ses payements qu'au moyen de bons d'échange ; enfin, contraindre les particuliers à lui remettre contre des bons, la monnaie à valeur intrinsèque qu'ils détiendraient.

En émettant les bons d'échange de cette manière, on éviterait la nécessité d'employer de la monnaie à valeur intrinsèque, puisque la vente à crédit ne serait plus nécessaire. Mais l'institution d'une telle monnaie présenterait des obstacles insurmontables. De plus, ce système ne serait pas plus avantageux que celui qui existe, et il le serait peut-être moins.

Quand il n'y aurait pas suffisamment de bons dans la circulation, l'Etat devrait se procurer des ressources en en émettant de nouveaux, et, quand il y en aurait suffisamment, il devrait cesser d'en émettre, et demander à l'impôt, les ressources dont il aurait besoin. Il devrait donc se procurer des ressources au moyen de bons nouveaux, quand la production augmenterait, et au moyen de l'impôt quand elle serait stationnaire, ou diminuerait. L'Etat ne pourrait évidemment supprimer ou rétablir les impôts aussitôt que les circonstances l'exigeraient. De plus, de telles opérations troubleraient très profondément la production.

L'Etat, il est vrai, pourrait se soustraire à la nécessité de procéder à de telles opérations. Il y parviendrait en augmentant ses dépenses quand la production augmenterait. Mais la monnaie de papier deviendrait ainsi aussi coûteuse que la monnaie à valeur intrinsèque, et n'aurait plus aucun avantage sur celle-ci.

La valeur de ces bons pourrait alors diminuer continuellement. L'Etat pourrait les multiplier à son gré, et se procurer ainsi des ressources sans recourir à l'impôt ou à l'emprunt, moyens qu'il ne peut employer à sa guise. Or, il ne résisterait certainement pas toujours à la tentation d'user de cette faculté.

Si l'Etat voulait remplir sa tâche consciencieusement, il rencontrerait de grandes difficultés, et serait exposé à commettre des erreurs qui feraient diminuer la valeur des instruments d'échange. Il ne faut pas toujours que ces instruments soient multipliés quand leur valeur augmente. Ainsi que nous l'avons vu, les variations de la valeur sont nécessaires pour rendre la production conforme aux besoins; ce serait donc nuire à la production que de chercher à les supprimer quand elles ont pour but d'amener ce résultat. Par conséquent, on ne doit pas entraver les variations de la valeur de la monnaie quand cette valeur augmente relativement à certains produits, et diminue, relativement à d'autres, ni quand elle augmente seulement en ce qui concerne les objets de première nécessité, parce que ces variations sont alors utiles à la production. Or, il serait évidemment difficile à l'Etat de distinguer ces augmentations de valeur d'avec celles qui proviennent d'une augmentation générale de la production, et il lui arriverait certainement d'augmenter la somme des bons d'échange d'une manière intempestive.

Cette réforme rencontrerait aussi de grands obstacles au point de vue des rapports internationaux. Si l'on continuait à employer l'or et l'argent comme monnaie dans le commerce extérieur, il serait impossible de les empêcher de circuler aussi comme monnaie à l'intérieur. Il faudrait donc aussi cesser de les employer dans les échanges avec l'étranger, et, par conséquent, faire adopter cette réforme par tous les peuples.

Pour la réaliser dans ces conditions, il faudrait amener tous les peuples, sauf un seul, à renoncer à leur monnaie particulière. On ne devrait plus compter par livres sterlings, roubles, dollars, marks, francs, etc.; mais par l'une de ces monnaies seulement. Or, un tel résultat ne pourrait s'obtenir que lentement et difficilement. Il faut ajouter à cela que, pour déterminer ce qu'il y aurait à faire au sujet de toute émission de monnaie nouvelle, on ne devrait plus examiner l'état de la production dans le pays, mais dans le monde entier, ce qui compliquerait singulièrement l'opération.

De plus, dès qu'il faut que cette réforme soit universelle, elle devient impossible, car elle causerait de grandes pertes aux pays producteurs d'or et d'argent, et ces pays se refuseraient certainement à s'y rallier.

Enfin, la valeur de cette monnaie serait plus variable que celle de la monnaie actuelle. Pour que la valeur de la monnaie ne varie pas, il faut que la somme des instruments d'échange augmente ou diminue, selon que la production augmente ou diminue. Grâce au billet de banque, qui sort de la circulation, quand en sortent les produits qu'il représente, cette somme diminue aujourd'hui, quand la production diminue. Or, elle ne diminuerait pas, si l'on employait le bon d'échange, puisqu'il n'existerait pas alors de billets de banque, et que ce bon ne sortirait pas de la circulation.

La suppression de la monnaie à valeur intrinsèque est donc, de toute manière, impossible. Par conséquent, ce qu'il convient de faire aujourd'hui, c'est d'améliorer le système existant, et non de le supprimer.

CHAPITRE XVII

DES DÉFAUTS DU BILLET DE BANQUE EMPLOYÉ A L'ESCOMPTE DE CRÉANCES COMMERCIALES

Deux causes font que ce billet ne peut rendre complètement stable la valeur de la monnaie.

La première est que les entrepreneurs autres que ceux qui offrent directement les produits aux détaillants, et que les détaillants eux-mêmes, peuvent offrir aux consommateurs, des billets de banque, avant que les produits que ces billets représentent leur soient offerts. Si ces entrepreneurs usent de cette faculté, il en résulte une diminution temporaire de la valeur des instruments d'échange, car la somme de ces instruments augmente alors avant celle des produits.

La seconde des causes en question provient de ce que les billets de banque qu'un producteur reçoit en échange d'une créance, représentant les produits qui font l'objet de sa créance, représentent du nécessaire ou du superflu, selon qu'il est producteur de nécessaire ou de superflu. Or, les salariés qui reçoivent ces billets, les emploient en grande partie ou en totalité, à l'achat d'objets de première nécessité. Quand donc, il est émis des billets de ce genre en représentation de produits de luxe, la somme des instruments d'échange offerts en échange de produits de première nécessité augmente, sans que la quantité de ces produits éprouve une augmentation correspondante. Par conséquent, l'émission de tels billets dans ces conditions, fait diminuer la valeur des instruments d'échange.

Il est vrai que si la somme des instruments d'échange offerts contre des objets de première nécessité augmente alors, la somme de ceux qui sont offerts contre des produits de luxe n'augmente pas, alors qu'elle devrait augmenter, et qu'il résulte de cela que, dans l'ensemble, il n'y a ni augmentation ni diminution de la somme des instruments d'échange, relativement à celle des produits.

Mais l'effet de l'émission de billets de banque dans ces conditions, ne laisse pas d'être nuisible à la production, car c'est uniquement lorsque la valeur de la monnaie varie à l'égard des objets de première nécessité, que cette variation y est nuisible, puisque ce sont ces objets seuls qui concourent à la production.

Il convient toutefois de remarquer que l'effet des défauts du billet de banque employé à l'escompte, est toujours plus ou moins annihilé par ce fait, que ceux qui vendent des produits à crédit, n'offrent pas toujours leurs créances à l'escompte, ou ne les y offrent que tardivement, et, par suite, que lorsque les produits sont offerts à la consommation. S'il est offert des billets de banque aux consommateurs, avant que leur soient offerts les produits que ces billets représentent, il leur est aussi offert des produits, sans qu'il leur soit offert des billets de banque représentant ces produits. Il s'établit donc, entre ces deux offres, une compensation, jusqu'à concurrence de la valeur de la plus faible, et cette compensation fait que les défauts du billet de banque ne causent pas de pertes graves.

CHAPITRE XVIII

DU COMMERCE

La monnaie et les billets de banque ne suffisent pas à rendre possibles tous les échanges. Les producteurs qui ont besoin d'échanger entre eux, sont quelquefois très éloignés les uns des autres, et il arrive qu'ils ne peuvent, ni les uns ni les autres, se déplacer pour échanger, ou ne peuvent le faire que d'une manière si onéreuse que l'échange leur serait peu avantageux. Il faut donc que certains travailleurs se chargent exclusivement d'opérer ces échanges.

Certaines écoles socialistes ont fulminé contre le commerce. Elles lui ont reproché d'être stérile, de ne pas créer de richesses, et, par suite, de prélever injustement une dîme sur le fruit de la production.

On pourrait se borner à leur répondre que le travail du commerçant est utile, nécessaire même dans bien des cas, que, pour que ce travail soit effectué, il faut qu'il soit rémunéré, et qu'il est bien inutile de récriminer contre une chose que l'on ne peut éviter.

Mais on peut, de plus, leur démontrer que le travail du commerçant concourt parfaitement à la production des richesses. Il est incontestable que, pour que les produits fassent partie des richesses, il faut que l'on puisse en faire usage; or, la profession de commerçant consiste à acheter des produits dont on n'a pas besoin là où ils se trouvent, et où, par conséquent, ils ne feraient pas partie des richesses, s'ils y restaient, pour les revendre là où l'on en a besoin, et où, par conséquent, ils font partie des richesses.

On reproche aussi aux commerçants de contraindre parfois les consommateurs à payer les produits à un prix exagéré, quand la récolte est abondante; mais ce reproche n'est pas non plus fondé. Quand il en est ainsi, le commerçant achète pour revendre au dehors, et il contraint ainsi les consommateurs du pays à payer les produits à un prix plus élevé. Mais lorsque la récolte est mauvaise; il achète au dehors pour revendre dans le pays, et il permet alors aux consommateurs de l'intérieur, de se procurer des produits à un prix plus bas. Ainsi, l'effet de l'action du commerçant est simplement d'atténuer les variations des prix, et cet effet est éminemment avantageux, car il aboutit à empêcher les gaspillages en temps d'abondance, et à atténuer le dénuement en temps de disette.

L'action du commerçant est encore utile lorsque, l'apparence des récoltes sur pied étant mauvaise, il achète pour revendre plus tard. Il résulte de cet achat une augmentation du prix qui force la consommation à se restreindre, et fait que les approvisionnements existants durent plus longtemps, ce qui leur permet de combler le déficit de la récolte attendue. Sans cette augmentation de prix, il pourrait se produire des famines.

Le commerce développe la division du travail entre producteurs éloignés les uns des autres. Il fait que chacun d'eux peut produire exclusivement ce qu'il produit le mieux, ou avec moins de travail que d'autres, et rend ainsi la production plus abondante ou plus parfaite. Il peut aussi produire ces deux résultats en même temps.

Sans doute, comme toute industrie, le commerce se prête à des abus. Il a, notamment, le défaut de se développer à l'excès en ce qui concerne le détail, et de rendre ainsi ses services très coûteux aux consommateurs. Quand il est employé au commerce plus de travail qu'il n'en exige, il en est employé dans l'industrie, moins que l'on ne pourrait y en employer, et l'on ne produit pas autant que l'on pourrait produire. Cette profession de détaillant est très recherchée parce qu'elle est peu pénible, parce qu'elle exige peu de connaissances, et surtout, parce qu'elle exige peu de capitaux, et qu'elle permet ainsi de se procurer l'indépendance, à des gens qui, sans elle, devraient accepter la situation de salariés. Elle peut être exercée par un nombre exagéré de travailleurs parce que la concurrence y est moins vive que dans les autres, les consommateurs ne pouvant pas ou ne voulant pas se livrer à de grands déplacements pour se procurer ce dont ils ont besoin.

Mais lorsque l'abus de la capitalisation, dont nous parlerons plus loin, aura été supprimé, ce développement excessif du commerce de détail pourra être supprimé aussi, au moyen des sociétés coopératives de consommation, qui pourront alors, avec avantage, devenir d'un usage général.

Le commerce donne encore lieu à un autre abus, qui est la création de monopoles. Cet abus peut être aussi supprimé. Mais comme il n'est possible qu'au moyen de l'abus de la capitalisation, nous ne pourrons en parler qu'après avoir traité de la capitalisation.

CHAPITRE XIX

DU COMMERCE INTERNATIONAL

Ainsi que le commerce intérieur, le commerce international est avantageux à la production : il fait que la division du travail s'établit entre les peuples, et devient ainsi plus complète et plus utile. Toutefois, ce commerce n'est pas, à ce point de vue, complètement assimilable au commerce intérieur. Abandonné à lui même, il présente des inconvénients que l'on ne rencontre pas chez celui-ci.

L'échange international, abandonné à lui-même, ou libre-échange, est nuisible aux peuples pauvres. Il existe des peuples qui ne peuvent produire aucun objet de consommation qu'avec plus de travail que d'autres peuples, ou qui ne peuvent en produire quelques-uns qu'avec autant de travail que d'autres peuples, et d'autres, qu'avec plus de travail.

Les libre-échangistes contestent qu'il en soit ainsi. Il est possible qu'il n'y ait point de différence entre les peuples au sujet des aptitudes au travail, et s'il y en a, cela peut n'être que temporaire, car rien ne s'oppose à ce que les travailleurs des pays où l'industrie est peu développée, acquièrent l'habileté qui leur fait défaut.

Mais on ne saurait nier qu'il existe des pays où tous les agents naturels sont inférieurs en qualité à ceux des autres pays, ou y sont en partie inférieurs et en partie égaux. Comment n'en serait-il pas ainsi puisqu'il existe des parties de la terre où les agents naturels font tellement défaut qu'elles en sont inhabitables? Or, la qualité des agents naturels que l'on emploie a au moins autant d'influence sur la production, que la capacité des travailleurs.

Les peuples qui habitent de tels pays ne peuvent échanger avec l'étranger qu'en donnant leurs produits pour moins de travail qu'ils ne leur en coûtent. Or, il est évident que ce qu'ils reçoivent de lui dans ces conditions, peut leur coûter autant ou plus de travail que s'ils le produisaient eux-mêmes. Si l'infériorité de leurs agents naturels est très accusée, cela leur coûte plus de travail que pour le produire eux mêmes, et l'échange international les met en perte.

Si l'on échangeait produits contre produits, cet échange n'aurait pas lieu, quand il devrait causer de tels résultats, car, comme il devrait alors s'effectuer en une seule opération, les habitants des pays pauvres se rendraient compte de la perte qu'il leur ferait éprouver. Mais, avec l'emploi de monnaie, ils ne voient, quand ils se proposent d'acheter, que les avantages de l'achat, qui sont qu'ils ont moins de monnaie à donner à l'étranger qu'aux producteurs de l'intérieur; ils ne voient pas les désavantages de la vente, qui est nécessaire pour que l'échange soit complet, et ils achètent à l'étranger, ce qui cause au pays, des pertes qui peuvent le conduire à la ruine.

Lorsque des peuples commencent à échanger entre eux, il se produit d'abord un nivellement des prix des objets de consommation. C'est d'abord le peuple qui possède le plus de monnaie, proportionnellement à sa production, qui achète à l'autre, parce que les prix de ce dernier sont plus bas que les siens. Puis, ce nivellement des prix cause un nivellement du taux des salaires, ce taux devant être en rapport avec le prix des produits. Par suite de ce dernier nivellement, le coût de production en monnaie se trouve conforme au coût de production en travail, de sorte qu'il se trouve moins élevé dans les pays riches que dans les pauvres, et que les prix des produits deviennent moins élevés dans les premiers que dans les seconds. Les seconds achètent alors aux premiers sans leur vendre, et leur monnaie passe peu à peu dans les pays riches. Quand ils n'en possèdent plus, ils en empruntent à ces derniers eux-mêmes pour les payer, ce qui est, en réalité, leur aliéner des agents naturels et des capitaux, et toutes leurs richesses passent ainsi peu à peu dans les mains des pays riches.

On dit que les peuples pauvres, achetant d'abord à l'étranger sans lui vendre, peuvent ensuite cesser de lui acheter, ou même lui vendre, parce que la monnaie devenant plus rare chez eux, par suite de ces achats, les prix y deviennent plus bas qu'au dehors. S'ils cessent d'acheter à l'étranger, il n'existe plus pour eux d'échange international, et le seul effet du libre échange à leur égard, est de les priver d'une partie de leur monnaie, résultat que l'on ne peut considérer comme avantageux à ces peuples. S'ils lui vendent, ils doivent donner, pour faire rentrer la monnaie qu'ils lui ont donnée, plus de travail qu'ils n'en ont reçu en échange ; ils ne peuvent y parvenir, et leur monnaie passe encore à l'étranger. Elle y passe seulement avec moins de rapidité que quand ils ne lui vendent pas. Cette baisse de la valeur de la monnaie n'empêche donc pas le libre-échange d'être nuisible aux peuples pauvres.

Les pertes que subissent ces peuples sont nuisibles à la production. Ces peuples ne vivent pas alors uniquement sur leur revenu ; ils vivent, en partie, sur leurs capitaux; et leur production diminue progressivement.

On conteste que cet effet du libre échange soit nuisible à la production ; on prétend même qu'il y est utile Il produirait ce résultat en contraignant les hommes qui habitent des pays pauvres, à les abandonner pour exploiter des pays plus riches, encore inhabités. Cet avantage, s'il était réel, ne serait que temporaire, car il n'existera pas toujours des pays riches disponibles ; il n'empêcherait donc pas toujours le libre-échange de nuire, par son action sur les peuples pauvres, à la production.

Mais même quand il reste encore des pays riches disponibles, il n'est pas certain que la ruine des peuples pauvres soit utile à la production. Les pertes que subissent ces peuples peuvent être, en effet, plus grandes que le supplément de produits que l'on obtient par la mise en exploitation de pays plus riches. En dehors des pertes de capitaux qu'ils ont déjà subies, les peuples des pays pauvres doivent abandonner, pour émigrer, les améliorations apportées au sol, les bâtiments et constructions de toutes sortes, et le matériel qui ne peut être transporté, et ils doivent consommer encore des capitaux, pendant qu'ils se déplacent. Les pertes que subissent ces peuples sont donc très grandes. Par contre, le profit que leur émigration cause à la production peut être restreint. Ce profit ne dure que jusqu'à ce que la multiplication de l'espèce rende nécessaire, la réoccupation des pays abandonnés, et il peut ainsi n'être réalisé que pendant un temps assez court.

Il est donc bien certain que les effets du libre-échange

relativement aux peuples pauvres, sont nuisibles à la production.

Les impôts actuels sont payés par les producteurs, et font ainsi partie du coût de production. Lorsqu'ils sont sensiblement plus élevés dans de certains pays que dans d'autres, le libre-échange produit, à l'égard des premiers, les mêmes effets qu'à l'égard des pays pauvres. Les consommateurs de ces pays trouvent un avantage à faire leurs achats à l'étranger ; mais les producteurs ne peuvent y vendre, ou ne le peuvent qu'à perte. Par suite de cela, la monnaie de ces pays passe peu à peu dans les autres, et, quand ils n'en ont plus, ils empruntent à ces derniers eux-mêmes, la monnaie dont ils ont besoin pour les payer, et se ruinent. Or, la ruine de ces pays, comme celle des pays pauvres, est nuisible à la production. Le libre échange est donc encore dans ce cas, nuisible à la production.

Entre les peuples, c'est la force qui est l'argument suprême. Si un peuple est incapable de se défendre, il est à craindre que d'autres n'en profitent pour lui imposer des tributs, sous forme d'indemnité de guerre, ou de traités de commerce onéreux. Or, cela est doublement nuisible à la production. D'abord, le peuple opprimé produit moins, car il faut être riche pour produire beaucoup, et l'oppression cause toujours l'appauvrissement ; ensuite le peuple oppresseur produit aussi moins, puisqu'il se procure des ressources par un autre moyen que le travail.

Pour pouvoir se défendre, il faut que tout peuple produise lui-même les choses qui sont nécessaires à sa défense, comme des vêtements, des vivres, des armes, des munitions etc... En cas de guerre, il n'est point assuré de pouvoir tirer tout cela de l'étranger. Quand il le peut, il n'en tire que des produits de mauvaise qualité, et qui lui sont à peu près inutiles; car la demande étant alors supérieure à l'offre, l'étranger en profite pour écouler tous ses produits de rebut. Ceux qui ont pris part, du côté français, à la guerre de 1870, savent ce que valaient les vêtements, les vivres, les armes et les munitions que l'on tirait alors de l'étranger.

Il peut arriver que le libre-échange mette un ou plusieurs peuples dans l'impossibilité de produire eux-mêmes des choses de ce genre, s'ils ne peuvent les produire que d'une manière coûteuse. Le libre-échange est donc encore, dans ce cas, nuisible à la production.

Les lois positives qui influent sur la production font, dans leur forme actuelle, perdre une énorme quantité de travail à l'humanité, en permettant, comme nous le verrons plus loin, d'abuser de la capitalisation. On peut espérer obtenir la réforme de ces lois chez tous les peuples successivement, mais non simultanément, car il y a des peuples qui ne se décident à opérer aucune réforme de ce genre, que lorsque d'autres leur en ont donné l'exemple, ou que l'exécution de cette réforme chez les autres les contraint à l'effectuer aussi. Or, le libre-échange s'oppose à ce que les lois dont nous parlons ici puissent être réformées de la première manière. Lorsque les échanges internationaux sont complètement libres, les effets de l'abus de la capitalisation, quand il est commis chez un ou plusieurs peuples, se font sentir chez tous ; il est donc alors sans utilité pour aucun peuple d'opérer cette réforme, si les autres ne l'opèrent pas en même temps que lui. Le libre-échange est donc encore, dans ce cas, nuisible à la production.

Lorsque, parmi les peuples pouvant échanger entre eux avec profit, les uns sont protectionnistes et les autres, libre-échangistes, ces derniers se trouvent dans la même situation que les peuples pauvres ou surchargés d'impôts, en régime libre-échangiste : ils ne peuvent se dispenser d'acheter aux autres, mais ne peuvent leur vendre, et subissent des pertes qui les conduisent plus ou moins rapidement à la ruine. Or, leur ruine est plus nuisible à la production que la généralisation de la protection. Le libre-échange est donc encore, dans ce cas, nuisible à la production.

Tout cela évidemment ne veut pas dire que la protection soit préférable, en tous cas, au libre-échange. Parmi ceux mêmes dont nous venons de parler, il en est deux où son utilité n'est que temporaire : celui des peuples surchargés d'impôts et celui de la suppression de l'abus de la capitalisation. Il est, de plus, incontestable que lorsque des peuples peuvent échanger entre eux avec profit réciproque, elle ne peut être que très nuisible à la production.

Elle n'a pas non plus, comme le prétendent ses partisans, l'avantage de faire payer les impôts à l'étranger. Si, au moment où l'on établit un droit de douane, les producteurs étrangers qui importent dans le pays le produit protégé, réalisent un bénéfice supérieur au montant de ce droit, il se peut qu'ils le prennent à leur charge, s'ils ne trouvent pas à vendre ce produit ailleurs à des conditions plus avantageuses. Mais c'est là une situation qui ne se présente que très rarement et qui est toujours passagère. En général, le vendeur se trouve contraint d'augmenter ses prix, et le droit de douane retombe alors en partie sur le consommateur et en partie sur le producteur : sur le consommateur, puisque le prix des produits se trouve augmenté ; sur le producteur, car l'augmentation du prix d'un produit en fait toujours diminuer la vente.

Les rapports entre peuples ne sont pas tout à fait les mêmes que les rapports entre individus, et c'est s'engager dans une voie qui conduit à des conclusions inexactes, que d'assimiler complètement les uns aux autres. En fait de commerce international, la liberté des échanges est la règle, comme en fait de commerce intérieur, mais cette règle subit alors des exceptions qu'elle ne subit pas dans ce dernier cas.

CHAPITRE XX

DU FOURIÉRISME

La division du travail présente-t-elle d'autres défauts que ceux que nous venons de signaler ? Fourier prétend qu'elle aurait encore ceux de ne se développer spontanément que d'une manière incomplète, et qu'en rendant le travail pénible et désagréable. Il prétend même que ce sont là ses plus grands défauts, et il s'est livré à de longs travaux, afin de trouver les moyens d'y remédier.

Pour rendre aussi complète que possible la division du travail, il faut, selon lui, recourir à la vie en commun, en formant des associations auxquelles il donne le nom de *phalanstères*. L'habitation et la consommation en commun permettraient sans doute de développer la division du travail, notamment en rendant possible la division des travaux dits de ménage, qui ne sont pas divisés aujourd'hui. Mais l'homme préfère, de beaucoup, la vie de famille au supplément de richesses que lui procurerait la vie en commun, et c'est évidemment ce qui a ses préférences qui concourt le mieux à son bien-être.

On pourrait aussi, d'après lui, rendre le travail attrayant, en mettant chacun à même de choisir librement sa profession, et par la variété des occupations, la brièveté des tâches, l'émulation, et d'autres moyens de moindre importance.

En admettant que l'on puisse rendre le travail attrayant, ce n'est point par les moyens que propose Fourier que l'on peut espérer d'y parvenir.

Il existe aujourd'hui une foule d'hommes qui ne peuvent exercer la profession de leur choix, parce qu'il faut des capitaux pour l'exercer, et qu'ils n'en possèdent pas. Mais si ces hommes possédaient des capitaux, il serait encore impossible que tous les hommes pussent exercer une profession de leur choix, puisque nous devons produire ce que nos besoins exigent, et non ce qu'il nous plaît. Chacun pourrait d'abord choisir sa profession, mais certains produits deviendraient trop abondants, et d'autres ne le deviendraient pas assez, de sorte que, pour que tous les besoins pussent être satisfaits, il faudrait encore qu'un certain nombre d'hommes exerçassent une profession autre que celle qui aurait leurs préférences.

Pour que les tâches soient brèves, il faut varier les occupations ; ces deux moyens de rendre le travail attrayant n'en forment donc, en réalité, qu'un seul Pour que chacun puisse varier ses occupations, il faut que les uns en changent quand les autres veulent en changer, ou qu'il soit créé, pour chaque travailleur, autant d'instruments de travail divers qu'il peut effectuer de travaux différents. Dans le premier cas, le choix des occupations n'est plus libre, du moins pour tout le monde ; dans le second, il est perdu une très grande quantité de travail.

Mais il n'est pas possible de rendre le travail attrayant. Il existe des travaux si désagréables ou si répugnants que, quoi qu'on fasse, ils ne présenteront jamais d'attrait pour personne. Quant aux autres travaux, ils ne son attrayants que quand ils sont volontaires, c'est-à-dire que lorsque le travailleur se sent libre de cesser de les effectuer quand bon lui semble, et il n'en est ainsi que pour le petit nombre des hommes qui n'ont pas besoin de travailler pour vivre.

Les moyens proposés par Fourier pour développer la division du travail sont donc inutiles ou nuisibles. Il s'est trompé, d'abord sur le but à atteindre, ensuite sur la valeur des moyens qu'il a imaginés pour l'atteindre.

CHAPITRE XXI

DE LA SUPPRESSION DE LA CONCURRENCE

Pour faire disparaître les maux que cause la concurrence, les communistes, les collectivistes et les saint-simoniens ne voient d'autre moyen que de la supprimer, et de charger l'Etat de diriger la production et de répartir les produits. Selon eux, l'Etat pourrait se rendre compte, avant la production, des besoins qui seraient à satisfaire, dès qu'elle serait achevée, et distribuer le travail de manière à obtenir les produits nécessaires pour satisfaire ces besoins.

Il est douteux que l'Etat pût se rendre compte de ce qu'il faudrait produire. D'abord, les besoins changent, parce que le nombre des hommes et leurs désirs se modifient ; ensuite, le travail ne donne pas toujours une même quantité de produits. L'Etat n'agit pas avec assez de célérité pour pouvoir se rendre compte, en temps utile, de ces variations, qui exigent, à bref délai, des modifications de la production.

Mais c'est surtout dans la distribution du travail que l'Etat rencontrerait des difficultés qu'il ne pourrait surmonter. Parmi les travaux à effectuer, il en existe qui sont pénibles, dangereux, malsains ou répugnants; d'autres présentent de grandes difficultés, et ne peuvent être effectués que par des hommes de capacité supérieure, et ayant fait des études ou un apprentissage nécessitant des dépenses et de grands efforts.

Aujourd'hui, les premiers de ces travaux sont effectués, soit parce qu'ils sont largement rémunérés, soit parce qu'étant très faciles, ils sont les seuls que puissent effectuer les travailleurs ayant des facultés peu développées. Les seconds sont effectués uniquement parce qu'ils sont largement rémunérés.

Sous le régime communiste, où chacun devra donner suivant ses forces, et recevra suivant ses besoins, ces travaux ne seront pas mieux rémunérés que d'autres, et il en sera de même sous le régime collectiviste, où le travail sera rémunéré uniquement suivant sa durée. Donc, personne ne voudra s'en charger. Les travailleurs inhabiles eux-mêmes, se basant sur ce que l'Etat a le devoir de traiter tous ses membres avec égalité, se refuseront à se charger des travaux faciles, mais désagréables.

En ce qui concerne les travaux désagréables, il faudra donc que l'Etat les impose à tout le monde, à tour de rôle. Or, s'il prenait une telle mesure, ces régimes ne tarderaient pas à disparaître, car, pour se soustraire à une telle contrainte, la plupart de ses membres s'empresseraient de se rallier à une autre forme d'organisation économique.

Pour ce qui est des travaux difficiles, il ne pourrait les faire effectuer, ou il ne pourrait y parvenir que dans de mauvaises conditions. On ne peut en charger tout le monde à tour de rôle, puisque la plupart des hommes sont incapables de les effectuer ; il faut donc les faire effectuer exclusivement par quelques-uns. Pour cela, il faudrait que l'Etat pût se rendre compte du degré de capacité de chaque travailleur. On ne peut juger de la capacité d'un travailleur que par l'usage qu'il en fait; si donc il lui plaît de n'en faire usage qu'en partie, il est impossible que l'Etat se rende compte de sa capacité. Même quand un travailleur fait preuve d'une capacité supérieure, il lui est encore possible de cacher jusqu'où sa supériorité s'étend. Il n'existe qu'un moyen d'amener un homme à faire usage de toute sa capacité : c'est de faire en sorte qu'il lui soit avantageux d'en faire usage, et ce moyen, on ne veut l'employer ni dans l'un ni dans l'autre des deux systèmes en question.

Dans le système de Saint-Simon, le travail serait, dès l'abord, distribué par l'Etat; mais il serait rémunéré suivant sa quantité et sa qualité; les travailleurs qui seraient chargés des travaux difficiles ou désagréables, les accepteraient donc sans répugnance, et feraient tous leurs efforts pour les effectuer le mieux possible. Mais ce seraient alors ceux qui seraient chargés des travaux peu rémunérés, qui n'accepteraient pas la distribution faite par l'Etat. On sait que la plupart des travailleurs ont une opinion exagérée de leur capacité, et tentent d'effectuer des travaux au-dessus de leurs forces. Lorsque le travail est distribué par la concurrence, ceux qui sont contraints d'effectuer les travaux peu rémunérés, ne peuvent prétendre que le travail est mal distribué, car c'est alors le consommateur qui, par le choix qu'il fait de ses fournisseurs, distribue le travail, et les intérêts du consommateur lui interdisent de se montrer partial dans cette distribution. Mais il n'en est pas de même de l'Etat.

Ceux qui gouverneraient seraient intéressés à favoriser leurs parents, leurs amis, tous ceux qui pourraient leur être utiles, et, notamment, les aider à conserver le pouvoir. Comme ceux qui sont chargés de travaux peu rémunérés sont les plus nombreux, cette distribution du travail ne pourrait donc subsister.

En régime collectiviste, la répartition des produits présenterait aussi de grandes difficultés. Les travailleurs seraient alors rémunérés au moyen de bons d'heures de travail, contre lesquels ils pourraient se faire délivrer des produits dans les magasins sociaux. Mais il faudrait que la quantité de produits donnée en échange de chaque bon fût telle, que tous les bons réunis représentassent la totalité des marchandises à distribuer. Si elle est trop faible, une partie plus ou moins forte des produits sera perdue, et il pourra se produire des privations qu'il serait facile d'éviter, si elle est trop forte, tous les produits seront distribués avant que tous les bons soient échangés, et les travailleurs qui se présenteront les derniers, ne pourront obtenir de produits en échange de leurs bons, et se trouveront ainsi hors d'état de satisfaire leurs besoins.

On peut se rendre compte de la quantité de produits que l'on peut distribuer chaque jour, pour éviter qu'il n'en soit perdu ou que l'on n'en manque. Ce qui est donné aux travailleurs en échange de leur travail, ce n'est point le fruit du travail que l'on rémunère, c'est le fruit d'un travail antérieur : le travail qui est effectué pour obtenir une récolte, n'est point rémunéré avec le fruit de cette récolte, puisque ce fruit n'existe pas encore ;

il est rémunéré avec le fruit de la récolte antérieure. Or, il est possible de connaître l'importance de ce dernier fruit. Quoique certaines productions soient assez rapides, on peut donc admettre qu'il est possible de se rendre compte de la quantité de produits que l'on peut et que l'on doit distribuer chaque jour, jusqu'au moment où l'on en obtiendra de nouveaux.

Mais il serait impossible de se rendre compte du nombre d'heures de travail que l'on aurait à rémunérer chaque jour, car ce nombre pourrait varier, et il serait impossible de se rendre compte en temps utile de ces variations. Il faudrait, pour éviter toute perte et toute privation, se rendre compte chaque jour du nombre d'heures de travail qui seraient effectuées pendant ce même jour. Dans une nation un peu nombreuse, comme le sont presque toutes celles qui existent aujourd'hui, cela serait évidemment impossible. On se trouverait donc en danger, ou de perdre une partie des produits, ou de ne pouvoir en donner à tous ceux qui auraient le droit d'en exiger.

Ainsi, la suppression de la concurrence pour l'échange est impossible, et l'on doit se borner à essayer d'en corriger les défauts.

CHAPITRE XXII

DES DÉFAUTS DE LA DIVISION DU TRAVAIL DONT LA SUPPRESSION N'EXIGE PAS L'INTERVENTION DE LA LOI

Ce n'est pas l'opposition des intérêts particuliers qui rend difficiles les rapports de l'offre et de la demande de travail, ce sont des obstacles matériels. Pour que cette opposition d'intérêts soit, dans ce cas, privée de toute action, il suffit que la loi assure aux travailleurs la liberté de vendre leur travail, et aux entrepreneurs, celle de l'acheter.

L'intervention de l'Etat est nécessaire pour rendre ces rapports plus faciles, puisque les efforts des particuliers n'y suffisent pas. Mais alors, l'Etat n'intervient pas comme association politique ; il se charge d'un service social, sans avoir aucune obligation à imposer à ses membres pour cela, et il agit comme association de production.

Ce n'est pas non plus cette opposition d'intérêts qui multiplie à l'excès le nombre des détaillants, c'est ce fait que les consommateurs n'usent pas de la liberté, dont ils disposent, de choisir leurs fournisseurs de manière à faire diminuer ce nombre. Pour que l'opposition des intérêts soit aussi rendue inactive dans ce cas, il suffit que cette liberté soit assurée aux consommateurs.

L'intervention de l'Etat n'est point nécessaire, même comme association de production, pour supprimer ce dernier défaut de la division du travail ; il suffit, pour cela, comme nous venons de le dire, que les consommateurs choisissent leurs fournisseurs d'une certaine manière. Ils peuvent aussi obtenir ce résultat, en fondant des associations coopératives de consommation.

CHAPITRE XXIII

DES DÉFAUTS DE LA DIVISION DU TRAVAIL QUI NE PEUVENT ÊTRE SUPPRIMÉS QUE PAR DES DISPOSITIONS LÉGALES

Les deux défauts de la division du travail dont nous venons de parler étant écartés, il en reste trois dont on ne peut espérer se débarrasser que par l'intervention du législateur : la thésaurisation, l'emploi du billet de banque ne représentant pas de produits, et les inconvénients du commerce international. Nous avons vu que ce dernier peut être supprimé par l'établissement de droits de douane. Il nous reste donc à chercher si les deux premiers peuvent l'être au moyen de lois, et, en cas d'affirmative, comment ils peuvent l'être.

Il ne semble pas que le législateur puisse empêcher la thésaurisation d'avoir lieu. La monnaie est une propriété essentiellement anonyme, et elle circule si rapidement et par quantités si diverses, qu'il est impossible de déterminer ce que chacun en possède ; ce qui serait nécessaire pour obtenir ce résultat.

Mais cela ne présente que peu d'inconvénients. Dans les pays civilisés, où la sécurité règne, on préfère capitaliser les épargnes que l'on réalise, et la thésaurisation y est trop faible pour pouvoir nuire à la production

Le législateur peut, sans difficultés, empêcher qu'il ne soit émis des billets de banque pour prêt à l'Etat ; il peut également empêcher qu'il n'en soit émis pour prêt aux particuliers sur immeubles ou sur valeurs mobilières, car il est en son pouvoir de limiter l'émission de billets de banque, et de se rendre compte de la quantité qui doit en être émise, pour l'escompte de valeurs de commerce. Ce défaut de la division du travail peut donc être supprimé par lui.

Il est à remarquer qu'il peut être utile de laisser émettre une certaine quantité de billets de banque, qui ne soient pas destinés à l'escompte. Certains producteurs, quand ils sont parvenus à augmenter leur production, vendent le supplément à crédit, sans offrir leur créance à l'escompte, et, par suite, sans mettre dans la circulation des billets représentant ces produits. L'émission de billets ne représentant pas de produits, remplace alors celle qui n'est pas faite par ces producteurs, et empêche ainsi la valeur de la monnaie d'augmenter.

Comme on remédie déjà aux inconvénients du commerce international au moyen de droits de douane, et qu'on limite déjà l'émission des billets de banque de manière à les empêcher de devenir trop abondants, il ne peut, actuellement, être apporté, au moyen de lois, des améliorations de quelque importance à la division du travail.

LIVRE III

DE LA CAPITALISATION

CHAPITRE PREMIER

CE QU'EST LE CAPITAL

Le capital est le fruit d'un travail effectué en vue de rendre la production plus abondante.

Tant que, pour se procurer ce dont il a besoin, l'homme ne se sert que de ses membres, il produit peu, et se trouve exposé à produire insuffisamment, car le moindre accident le met alors hors d'état de se procurer le nécessaire. Pour produire d'une manière suffisante, il doit se créer des instruments de travail, ou capitaux.

Les engins de chasse ou de pêche, les outils, les instruments aratoires, les machines, les bâtiments d'exploitation, les améliorations apportées au sol rendent la production plus abondante et plus facile. Toutes ces choses sont donc du capital.

Pour produire la plupart et les plus importantes de ces choses, l'homme doit pouvoir y travailler pendant un certain temps sans discontinuer. Il ne peut le faire que s'il possède des approvisionnements suffisants pour satisfaire ses besoins pendant ce temps. Ces approvisionnements concourent à rendre la production plus abondante, puisqu'ils sont nécessaires à la production des instruments qui la rendent plus abondante. Ils sont donc aussi du capital.

Pour pouvoir employer les instruments de travail à la production, il faut aussi des approvisionnements. Par exemple, le cultivateur, après s'être créé des instruments aratoires, ne peut les employer à la production, que s'il possède des approvisionnements qui lui permettent de satisfaire ses besoins pendant quelque temps, car il doit employer ces instruments à la production pendant près d'un an, avant de pouvoir, par leur emploi, se procurer des objets de consommation. Ces approvisionnements concourent à rendre la production plus abondante, puisqu'ils sont nécessaires pour que l'on puisse employer les instruments qui la rendent plus abondante. Ils sont donc aussi du capital.

Certains économistes prétendent que les matières premières et les produits des industries de luxe sont du capital, parce que ce sont des instruments de travail des producteurs de ces industries. Mais il est évident que ces choses ne sauraient rendre la production plus abondante ; ce que doit faire tout instrument de travail dont on a dû se passer à l'origine. Le capital de ces producteurs se compose d'abord d'objets de consommation de première nécessité, accumulés par eux, et il se compose ensuite d'instruments de travail obtenus au moyen d'une partie de ces objets de consommation, et de l'autre partie de ces objets, qui est employée directement à la production d'autres objets de consommation.

Les objets de consommation de première nécessité ne sont pas non plus tous du capital. Ceux qui sont consommés au moment même où on les obtient n'en sont pas, puisqu'ils ne sont pas épargnés. Ces objets sont uniquement du revenu.

Il y a même des produits de première nécessité épargnés qui ne sont pas du capital. Le nécessaire épargné se distribue entre les salariés, les rentiers et les entrepreneurs. Le nécessaire consommé par les salariés et par les entrepreneurs est du capital, car il concourt à la production, puisque ces deux classes de consommateurs travaillent ; mais celui qui est consommé par les rentiers n'en est pas, attendu qu'il ne concourt nullement à la production.

On objecte à notre conception du capital qu'il n'existe pas d'approvisionnements aussi considérables qu'il en faudrait pour qu'elle fût exacte. Mais il est nullement nécessaire, pour qu'elle soit exacte, que ces approvisionnements soient très considérables. Pour pouvoir produire des instruments de travail, et pour pouvoir se livrer ensuite à l'agriculture ou à l'élevage, il n'est pas nécessaire d'accumuler d'abord, tous les objets de consommation dont on aura besoin pendant ces travaux. L'homme qui a voulu se créer un arc, des flèches, un filet, s'est procuré d'abord ce qui était nécessaire à la satisfaction de ses besoins pendant une partie du temps qu'il devait employer à cette production ; puis, il a travaillé à la production de ces instruments. Lorsque sa provision d'objets de consommation a été épuisée, il s'est remis à en produire, et à en refaire une nouvelle provision pour une autre partie de ce temps. C'est en procédant ainsi, à autant de reprises qu'il le fallait, qu'il est parvenu à produire les instruments de travail qu'il désirait. Les peuples chasseurs qui ont voulu se livrer à l'agriculture, ont dû procéder de la même manière ; ils n'ont pas accumulé, dès le début, des vivres pour une année, ils en ont accumulé seulement pour quelques jours ; puis, ils se sont livrés aux travaux de l'agriculture tant que ces vivres ont duré. Ils ont ensuite recommencé à procéder de la même manière, et cela, autant de fois qu'il a été nécessaire, jusqu'au moment de la récolte. On procède encore de même aujourd'hui pour les grands travaux, comme le creusement de canaux ou la construction de chemins de fer ; on s'approvisionne pour plusieurs jours, plusieurs semaines, plusieurs mois seulement, ou, tout au plus, pour un an à la fois.

De plus, les approvisionnements ne sont pas sans importance. Ces approvisionnements ne sont pas composés uniquement d'objets de consommation ; ils sont, pour la plus grande partie de beaucoup, composés de matières qui n'ont plus à subir qu'une faible préparation, pour se trouver transformées en objets de consommation. Ainsi, les approvisionnements en pain sont minimes, mais il en existe de plus grands en farine, et encore de plus grands en blé. Or, ces derniers, dans les premiers temps qui suivent la récolte, sont très considérables, car ils doivent suffire aux besoins pendant toute une année.

Les collectivistes contestent aussi notre définition du capital. Pour eux, le capital est tout ce qui peut donner un revenu à son propriétaire, indépendamment du travail de ce dernier. En d'autres termes, le capital se compose, selon eux, des richesses qui sont employées à la production, en totalité ou en partie, par d'autres que par leurs propriétaires, et qui rapportent un revenu à ces derniers.

Mais il est évident que ces richesses sont de même nature que celles qui sont employées par leurs propriétaires ; il faut donc réunir les unes et les autres sous un terme commun. On peut, en outre, désigner les premières par un terme spécial, si on le désire ; mais le mot de *capital* étant employé comme terme générique, on n'aboutit qu'à créer une confusion, en l'employant comme terme spécial.

Si de certaines richesses sont employées par des travailleurs qui n'en sont pas les propriétaires, et donnent néanmoins un revenu à ceux qui en sont propriétaires, cela provient de la manière dont les richesses sont réparties, et si l'on veut obtenir qu'aucun propriétaire ne puisse se procurer de revenu de cette manière, c'est la répartition des richesses qu'il faut modifier. Mais réserver aux richesses employées par d'autres que par leurs propriétaires le nom de *capital*, quand ce terme est déjà employé d'une autre manière, cela ne peut avoir aucune utilité.

CHAPITRE II

DIVISION DES CAPITAUX

Nous venons de voir que les capitaux revêtent deux formes différentes : celle d'instruments de travail, et celle d'objets de consommation. Comme nous aurons, dans la suite, à distinguer l'une de l'autre, ces deux sortes de capitaux, nous devrons désigner chacune d'elles par un terme spécial. Nous nommerons donc ceux qui se composent d'instruments de travail, *capitaux de production*, et ceux qui se composent d'objets de consommation, *capitaux de consommation*.

Les capitaux se divisent aussi en capitaux qui reproduisent les capitaux consommés, et en capitaux qui ne reproduisent pas ces capitaux. Tous les capitaux se consomment, les capitaux de production sont consommés, le plus souvent, au cours d'un nombre plus ou moins grand d'opérations de production ; les capitaux de consommation, au cours d'une seule ; tous les capitaux doivent donc être reproduits. Ils le sont, les capitaux de production, sous la forme d'une partie des objets de consommation qu'ils concourent à produire, et qui est transformée en instruments de production ; les capitaux de consommation, sous la forme d'une partie des objets de consommation qu'ils concourent à produire, et qui n'a pas besoin d'être transformée pour les remplacer.

Tous les capitaux ne concourent pas à cette reproduction.. Elle est opérée uniquement par ceux qui, soit directement, soit indirectement, produisent des objets de consommation de première nécessité, puisque tout capital se compose d'objets de consommation de ce genre, ou d'instruments de travail qui sont le fruit de la transformation de tels objets. Ces capitaux se reproduisent eux-mêmes, et ils reproduisent aussi les capitaux qui produisent des objets de consommation de simple utilité ou de luxe, les capitaux des entreprises qui produisent ces objets, leur étant fournis par les producteurs d'objets de première nécessité, en échange de produits de simple utilité ou de luxe.

Cette seconde division des capitaux présente aussi une très grande importance. Les capitaux reproducteurs se reproduisant eux-mêmes, le travail qui les emploie est utilisé d'une manière permanente, sans qu'il soit besoin de nouveaux suppléments de produits pour cela : le travailleur qui a employé de tels capitaux, emploie ensuite une partie de ceux qu'avec leur concours, il a produits, et ainsi de suite indéfiniment. Au contraire, les capitaux non reproducteurs, ne se reproduisant pas eux-mêmes, le travail qui les emploie n'est utilisé que d'une manière temporaire, à moins que ceux qui emploient les premiers capitaux, n'aient continuellement de nouveaux suppléments de produits à offrir en échange des produits de ce travail. Il résulte de cela que lorsqu'on crée des capitaux reproducteurs, il faut augmenter la quantité de travail que l'on emploie, mais que cela n'est pas nécessaire quand on crée des capitaux non reproducteurs.

L'emploi de suppléments de produits de la première manière, développe rapidement le capital social, mais aboutit souvent, comme nous le verrons plus loin, à une demande excessive de travail, ce qui cause beaucoup de pertes. L'emploi de suppléments de produits de la seconde manière, au contraire, fait que le développement du capital est plus lent, mais qu'il n'est jamais demandé plus de travail qu'il ne peut en être fourni, et, par conséquent, qu'il ne se produit pas de pertes par suite de demande excessive de travail.

On divise ordinairement les capitaux en capitaux fixes et en capitaux circulants. Adam Smith, qui a créé cette division, entendait par capitaux fixes, ceux qui donnent un revenu sans changer de mains, comme les machines, les outils, les immeubles, etc. ; et, par capitaux circulants, ceux qui ne peuvent donner de revenu qu'en changeant de mains, comme les objets de consommation, la monnaie, etc. Cette division a le défaut de considérer comme capitaux fixes, des choses qui disparaissent au cours de l'opération de production, et qui, par conséquent, ne sont pas fixes, comme certaines matières premières des industriels ; et comme capitaux circulants, des choses de nature essentiellement fixe, comme des immeubles achetés pour être revendus.

Les économistes qui emploient cette division aujourd'hui, donnent le nom de *capitaux fixes* à ceux qui servent à plusieurs opérations successives de production, et celui de *capitaux circulants*, à ceux qui ne peuvent servir qu'à une seule de ces opérations, comme les engrais, les semences, le combustible, etc. Employée de cette manière, cette division laisse aussi à désirer, car elle range parmi les capitaux fixes, la monnaie, qui est exclusivement destinée à la circulation.

La division en capitaux de production et capitaux de consommation, que nous avons adoptée, supprime toutes ces difficultés. Elle est, de plus, beaucoup plus commode pour l'exposé de la science économique. Toutefois, la division des capitaux d'après leur durée a aussi son utilité dans de certains cas, et nous aurons quelquefois à en faire usage.

CHAPITRE III

DU REVENU

Une partie du capital étant toujours formée d'objets de consommation, il est nécessaire d'examiner en quoi cette partie du capital se différencie de ce que l'on nomme le *revenu*, qui est aussi formé d'objets de consommation.

On entend, par *revenu*, tout ce que l'on peut consommer sans s'appauvrir. On ne peut consommer une chose quelconque sans s'appauvrir, qu'à la condition que cette chose soit reproduite au moment même où on la consomme ; le revenu est donc ce qui est reproduit avant que d'être consommé, ou, au plus tard, au moment même de la consommation.

Le possesseur d'un titre de rente ne peut, sans s'appauvrir, en affecter les arrérages à sa consommation, que parce que les contribuables reproduisent, au même moment au plus tard, ce qu'il consomme. L'actionnaire ne peut consommer sans perte ses dividendes, que parce que l'entreprise dont il est en partie propriétaire, reproduit immédiatement ce qu'il consomme. Si cette reproduction n'avait pas lieu, les titres de rente et les actions ne tarderaient pas à être dépourvus de toute valeur. Il en est de même pour les producteurs, qu'ils soient entrepreneurs ou salariés ; s'ils ne reproduisent pas immédiatement tout le fruit de leur production qu'ils consomment, ils ne tardent pas à se trouver dans la misère et le dénuement.

Les objets de consommation qui font partie du capital, sont simplement des produits destinés à être reproduits en même temps que consommés, mais qui peuvent ne pas être reproduits. Lorsque ces objets sont reproduits en même temps que consommés, ils deviennent du revenu. Mais lorsqu'ils sont consommés sans être reproduits, ils restent du capital, et c'est avec raison que l'on dit, de ceux qui consomment, sans les reproduire, des produits épargnés, qu'ils vivent sur leurs capitaux.

Il y a donc des objets de consommation qui font partie du capital et qui ne font pas partie du revenu : ce sont ceux qui ont été épargnés en vue de la production, et qui sont consommés sans y concourir.

Il existe aussi des objets de consommation qui font partie du revenu sans avoir fait partie du capital : ce sont les objets de première nécessité qui sont destinés à être employés à l'entretien des oisifs, et les produits de simple utilité ou de luxe. Ces objets ne sont pas destinés à être employés à la production ; mais ils sont, en général, reproduits, car le capital nécessaire à leur reproduction, est reproduit en même temps qu'ils sont consommés.

Mais il existe aussi des objets de consommation qui font partie successivement du capital et du revenu : ce sont ceux qui, épargnés pour être employés à la production, y sont effectivement employés. Dans ce cas, les termes de capital et de revenu ne s'appliquent pas à des objets de consommation différents, mais, successivement, aux mêmes objets. Ces termes n'indiquent alors qu'une différence entre les conditions où se trouvent successivement ces objets.

CHAPITRE IV

DE LA FORMATION DES CAPITAUX

L'homme n'a évidemment commencé à travailler que lorsque ses besoins se sont fait sentir. Comme, à ce moment, ils ne lui laissaient pas le temps de produire des instruments de travail, il a dû commencer à produire sans le secours de tels instruments. Le premier et le plus important de ses besoins est celui de la nourriture ; il a donc dû d'abord se procurer des aliments pour un premier repas. Ces aliments ont été ceux qu'il pouvait se procurer sans le secours d'aucun instrument : des fruits et des racines que la terre produit spontanément, des œufs d'oiseaux, des animaux auxquels la lenteur de leurs mouvements ne permettait pas de lui échapper : voilà certainement les choses qui ont formé sa première nourriture.

L'homme ne mange pas comme il respire ; il s'emplit l'estomac d'aliments ; puis, il cesse de manger jusqu'à ce que ces aliments soient digérés. Dès qu'il a achevé un repas, il doit travailler pour se procurer les aliments nécessaires au repas suivant. Si, pendant l'intervalle des deux repas, il ne peut, en travaillant continuellement, que se procurer, de la manière que nous venons de dire, ces nouveaux aliments, il lui est encore impossible de se créer des instruments de travail. Mais s'il n'a pas besoin, pour cela, de tout le temps qui s'écoule entre ces deux repas, il peut se créer de tels instruments, et produire ainsi des capitaux.

Les premiers capitaux ont évidemment été formés de cette manière. Mais on ne peut se procurer ainsi que des capitaux de peu d'importance, comme des pierres ou des bâtons. Pour s'en créer de réellement utiles, il faut procéder autrement ; il faut accumuler une certaine quantité d'objets de consommation, afin de pouvoir travailler sans discontinuer, pendant un certain temps, à la production de capitaux. En d'autres termes, on doit se créer d'abord des capitaux de consommation.

Mais, soit qu'il procède d'une manière, soit qu'il procède de l'autre, le capitalisateur pourrait, au lieu de se créer des capitaux, ou se donner du loisir, ou produire du superflu pour sa consommation immédiate. Capitaliser, c'est donc se priver de satisfactions immédiates en vue d'avantages futurs. Ainsi, le capital est bien, comme on en convient généralement, le fruit de l'épargne et de la privation.

Comme c'est uniquement en produisant d'abord des objets de consommation, que l'on crée des capitaux aujourd'hui, et que c'est uniquement la manière dont on capitalise aujourd'hui que nous devons considérer, nous pouvons poser en principe que la forme primordiale de tous les capitaux, est celle de capitaux de consommation.

CHAPITRE V

AVANTAGES DE L'EMPLOI DE CAPITAUX

Le capital rend la production plus abondante et moins pénible. On doit d'abord dépenser une plus grande quantité de travail, avant que d'obtenir aucun objet de consommation; mais la production est ensuite si rapide, que l'on économise beaucoup plus de travail que n'en a coûté la création des capitaux. L'homme qui vit de la cueillette, peut se procurer des objets de consommation en quelques instants, et celui qui demande ses aliments à l'agriculture, ne peut s'en procurer qu'au bout d'un an; mais en une année, le second s'en procure beaucoup plus que le premier. Le capital permet au travailleur de produire autant avec moins de travail, ou davantage avec une même quantité ; il lui permet de s'épargner de la peine, ou de se créer des ressources plus abondantes, et même d'obtenir ces deux résultats à la fois.

Les divers modes de production auxquels l'homme peut recourir, exigent des quantités différentes de capitaux, mais sont d'autant plus avantageux qu'ils en exigent davantage. L'élevage des troupeaux exige plus de capitaux que la cueillette, la chasse ou la pêche, mais permet de travailler moins ou de produire davantage. De son côté, l'agriculture exige plus de capitaux que l'élevage, mais permet aussi de travailler moins ou d'obtenir une production plus abondante. L'agriculture a puissamment favorisé le développement de la division du travail, créé presque en entier les industries extractives, et rendu possible l'emploi des machines, qui permettent de produire des choses utiles à l'excès, même des choses inutiles ou nuisibles, et qui rendent la production beaucoup plus parfaite.

Quand on objecte aux économistes de l'école libérale, qui prétendent que tout est bien aujourd'hui, que, malgré les progrès réalisés dans la production, beaucoup de gens ne parviennent encore à se procurer, même au prix des plus grands efforts, que des ressources insuffisantes et précaires, ils répondent que l'emploi des machines n'est pas aussi avantageux qu'on le dit, que le travail employé à les produire est presque aussi grand que celui qu'elles permettent d'économiser. S'il en est ainsi, pourquoi les modes actuels de production ont-ils fait disparaître ceux d'autrefois ? Ce n'est pas par caprice que ces derniers ont été abandonnés. On ne peut changer de mode de production sans courir de grands risques, et sans faire de grands sacrifices, et l'on n'en change que lorsqu'on se trouve contraint d'en changer. Si le changement est devenu général, c'est donc parce que les nouveaux modes de production donnaient, dans la concurrence, à ceux qui les employaient, une supériorité contre laquelle il était impossible aux autres de lutter. Il existe des hommes qui, malgré tous leurs efforts, n'ont que des ressources insuffisantes, ou en sont quelquefois totalement dépourvus ; mais les magasins regorgent de marchandises que l'on ne peut écouler aussi rapidement qu'il serait nécessaire, qui sont remplacées aussitôt écoulées, et qui pourraient encore l'être, si elles s'écoulaient beaucoup plus rapidement. La misère et le dénuement ne proviennent pas aujourd'hui de l'insuffisance de la production, mais de la manière dont les produits sont répartis.

CHAPITRE VI

DE L'ASSOCIATION DES CAPITAUX

L'association des capitaux augmente considérablement les avantages que l'on tire de leur emploi. Elle permet d'en réunir de grandes quantités, et de fonder ainsi des entreprises très importantes. Or, l'avantage que l'on tire de leur emploi ne croît pas seulement dans les mêmes proportions que croît leur masse ; il croît beaucoup plus rapidement.

Les constructions qui couvrent un terrain qui est le double d'un autre, ne présentent pas une surface double de celle des constructions qui couvrent ce dernier, et, par suite, elles coûtent moins que le double.

Une machine à vapeur qui produit deux fois autant de force qu'une autre, ne coûte pas le double de celle-ci, et ne consomme pas le double de combustible.

De grands approvisionnements de matières premières coûtent proportionnellement moins que de petits, parce que les fournisseurs font des réductions de prix, pour les commandes importantes.

Le travail rend plus dans les grandes entreprises que dans les petites. Dans ces dernières, chaque travailleur est chargé de travaux divers, et il ne peut devenir très habile en aucun d'eux ; de plus, il perd du temps à passer de l'un à l'autre, et il est encore exposé à en perdre par suite d'oubli. Dans les grandes entreprises, nul n'est chargé que d'une seule sorte de travail, et chacun devient très habile dans celui dont il est chargé ; on ne perd pas de temps à changer d'occupations, et l'on n'est pas exposé à commettre des oublis qui en fassent perdre.

Pour qu'une entreprise puisse doubler le chiffre de ses ventes, il lui suffit d'avoir des assortiments plus complets, et elle n'a nullement besoin, pour cela, d'avoir en magasin une quantité double de marchandises.

L'association des capitaux fait aussi que le travail

peut rendre davantage, parce qu'il peut être mieux dirigé. La direction des entreprises fondées au moyen de cette association, n'appartient pas aux plus riches, et elle peut être confiée aux plus capables.

Enfin, l'association des capitaux rend possible l'exécution de travaux très utiles à la production, mais aussi très coûteux, comme le creusement de canaux, la construction de voies ferrées, l'établissement de câbles télégraphiques sous-marins. Personne ne serait assez riche pour faire effectuer de tels travaux avec ses seuls capitaux, ou, s'il existait des gens assez riches pour cela, ces gens hésiteraient à engager toute leur fortune, ou une grande partie de leur fortune, dans de pareilles entreprises, où il y a toujours beaucoup de risques à courir. Grâce à l'association des capitaux, nul ne risque qu'une partie peu importante de ce qu'il possède, et l'on trouve les capitaux nécessaires, pour les entreprises les plus importantes et les plus hasardeuses.

Toutefois, il n'est pas toujours bon de la développer au delà de certaines limites, quand on est libre de lui donner plus ou moins de développement. Le directeur d'une association ne possède pas autant de liberté qu'un entrepreneur travaillant avec ses seuls capitaux ; dès qu'il veut faire preuve d'initiative, il doit soumettre ses idées aux membres de l'association, lesquels sont d'autant moins capables d'en apprécier la valeur, qu'ils sont plus nombreux. De plus, ses intérêts ne sont pas complètement identiques à ceux de l'entreprise qu'il dirige, et il peut n'avoir rien à perdre, à la laisser péricliter ; il faut donc que ses associés puissent le surveiller. Or, pour que cette surveillance soit efficace, il faut qu'ils puissent se concerter entre eux, et cela leur est difficile, s'ils sont nombreux.

L'association des capitaux ne doit donc être développée au delà d'un certain point, que pour les entreprises qui ne sont réalisables qu'au moyen d'une très grande quantité de capitaux.

CHAPITRE VII

DU PRÊT A INTÉRÊT

Sous le régime de la propriété individuelle, les capitaux se prêtent et s'empruntent. Les hommes qui ne peuvent employer les leurs, ou qui peuvent se dispenser de les employer, les prêtent ; et ceux qui en manquent, ou qui veulent en employer plus qu'ils n'en possèdent, en empruntent.

Les capitaux ne peuvent être prêtés que contre une indemnité que l'on nomme *intérêt*. Sans cette indemnité, le capitaliste devrait, pour se procurer le nécessaire, ou employer ses capitaux lui-même, ou les consommer improductivement, s'il était incapable de les employer.

On a beaucoup discuté sur la légitimité ou l'illégitimité de l'intérêt. Nous n'avons pas ici à nous occuper de cette question ; nous avons seulement à examiner l'influence du prêt à intérêt sur la production.

Le prêt à intérêt permet aux capitaux qui appartiennent à des gens qui sont incapables de les employer, d'être employés par des gens qui en sont capables, et il est ainsi utile à la production.

Le prêt à intérêt permet aux travailleurs qui ne peuvent créer de capitaux en fondant des entreprises, d'en créer en prêtant leurs épargnes, et il est encore ainsi utile à la production.

Le prêt à intérêt permet de se dispenser de travailler à des gens qui possèdent beaucoup de capitaux, et qui sont capables de travailler. La production se trouve alors réduite, puisque le nombre des travailleurs se trouve diminué.

Mais nul ne peut posséder de tels capitaux à l'âge où il est encore capable de travailler, que s'il les tire de l'hérédité. On ne peut se créer de tels capitaux, par un travail honnête, qu'en y travaillant toute sa vie, ou qu'en se privant de loisirs pendant une grande partie de sa vie. C'est donc alors l'hérédité, et non le prêt à intérêt, qui est nuisible à la production.

Par conséquent, le prêt à intérêt ne présente que des avantages, au point de vue de la production.

La limitation légale du taux de l'intérêt enlève à ce prêt une partie de son utilité, car elle a pour effet d'empêcher certains prêts, ou de les rendre plus onéreux à l'emprunteur. Il est, d'ailleurs, absurde de limiter l'intérêt, alors qu'on ne limite pas le loyer. Si l'une de ces deux choses doit être limitée, c'est plutôt le loyer qui doit l'être, puisque le propriétaire ne court pas le risque de perdre ce qu'il prête, tandis que le capitaliste court ce risque.

CHAPITRE VIII

INCONVÉNIENT DE L'EMPLOI DE CAPITAUX

Il est utile, nécessaire même de créer des capitaux; mais tous les capitaux que l'on peut créer ne sont pas utiles, car on ne peut en employer qu'une quantité limitée. L'homme ne peut, ni consommer qu'une quantité limitée d'objets de première nécessité, ni employer à la production qu'une quantité limitée d'outils et d'autres instruments de travail. Il ne peut même utiliser celles de ces choses qu'il se procure longtemps avant que d'en avoir besoin, car le temps les détériore et les détruit.

Si donc, lorsqu'on a créé une certaine quantité de capitaux, on continue à en créer, il sera perdu du travail, car les capitaux créés en excédent de cette quantité ne pourront être utilisés. Il faut alors, pour éviter toute perte de ce genre, se borner à reproduire les capitaux existants, et consacrer au loisir, le temps que la suppression de la capitalisation rend disponible, ou l'employer à la production de superflu, puisqu'on ne peut plus utiliser que cela.

Toutefois, lorsqu'on a, au cours d'une opération de

production, créé des capitaux en excès, on peut éviter de perdre ces capitaux, et, par conséquent, le travail qui les a produits. On obtient ce résultat en cessant de produire de tels capitaux, et en réduisant sa reproduction de capitaux, d'une quantité égale à celle des capitaux en excès existants. La première de ces réductions fait que la quantité des capitaux en excès n'augmente pas ; la seconde fait qu'il n'y en a plus, car les capitaux qui n'ont pu être utilisés au cours de la nouvelle opération de production, joints à ceux qui ont été reproduits au cours de cette opération, ne forment que la quantité de capitaux que l'on pourra utiliser au cours de l'opération de production qui suivra cette dernière.

On peut même éviter de perdre ces capitaux en cessant simplement d'en produire de semblables, et en les employant au début de l'opération de production qui suit celle au cours de laquelle ils n'ont pu être employés. Il se forme alors un nouvel excédent de capitaux à la suite de cette seconde opération, puisqu'il a été reproduit autant de capitaux qu'il en fallait pour l'effectuer. Mais cet excédent peut être, comme le premier, employé au début de l'opération qui suit son apparition, de sorte que l'on peut éviter de le perdre aussi. Il se forme ainsi un excédent de capitaux à la fin de chaque opération de production, lequel est consommé au début de l'opération suivante, de sorte qu'il n'y a pas de perte de capitaux, mais simplement retard dans leur emploi.

Selon la manière dont la production est organisée, il peut même se faire que, lorsque cet abus n'est pas commis par tout le monde, ceux qui le commettent puissent éviter de perdre leurs capitaux en excès sans réduire leur production de capitaux, et même tirer de cet abus, un moyen de s'enrichir.

Lorsque le travail n'est pas divisé, l'auteur de l'abus de la capitalisation peut seulement éviter de perdre ses capitaux en excès, en réduisant sa production de capitaux. Il ne peut éviter de les perdre tout en continuant à en créer de nouveaux ; il lui est seulement loisible de réduire sa production de capitaux, soit de manière à ce que l'excédent ne reparaisse pas, soit de manière à ce qu'il reparaisse.

Lorsque le travail est divisé, ce que le travailleur produit n'est pas pour lui, en totalité, du capital ou du superflu ; ce n'en est, tout au plus, que pour une petite partie : celle qu'il peut consommer lui-même. Ses autres produits ne sont, à son égard, que des objets d'échange, au moyen desquels il se procure, à son gré, ou suivant ses besoins, du capital ou du superflu. Mais cela ne change rien au résultat de la production ; celle-ci devant se conformer à la demande, il est produit du capital ou du superflu, selon que le travailleur demande l'un ou l'autre, comme s'il produisait lui-même les divers objets dont il a besoin, ou qu'il désire. Nous pouvons donc continuer à le considérer comme produisant lui-même son capital et son superflu.

Lorsque, le travail étant divisé, tous les travailleurs sont entrepreneurs, l'auteur de l'abus de la capitalisation peut aussi seulement éviter de perdre ses capitaux en excès, en réduisant sa production de capitaux. Il ne dispose toujours d'aucun autre moyen pour obtenir ce résultat, et il lui est toujours seulement loisible de la réduire soit de manière à ce que l'excédent se reproduise, soit de manière à ce qu'il ne se reproduise pas.

Lorsque les travailleurs sont les uns entrepreneurs, et les autres salariés, ceux qui peuvent abuser de la capitalisation, sont uniquement les entrepreneurs, puisque les salariés ne possèdent pas de capitaux, ou n'en possèdent pas assez pour être entrepreneurs. En outre, les capitaux en excès ne sont plus ceux que le producteur ne peut employer lui-même, puisqu'on peut alors faire employer de tels capitaux par des salariés ; ce sont ceux de ces capitaux que l'on ne peut faire employer, parce qu'il n'existe plus de salariés disponibles.

L'auteur de l'abus de la capitalisation peut alors employer ses capitaux en excès, sans cesser d'en produire, car il peut s'en servir pour augmenter les salaires, afin d'enlever des salariés aux autres entrepreneurs, pour pouvoir faire employer à la production, des capitaux nouveaux.

Si tous les entrepreneurs sont également riches, cela ne lui permet pas d'éviter la perte de ces capitaux, autrement qu'en réduisant sa production de capitaux. Tout entrepreneur est intéressé à ne pas se laisser enlever ses salariés, car cela le met dans l'impossibilité de faire employer ceux de ses capitaux qu'il ne peut employer lui-même, et tout capital non employé est perdu. Lorsque tous les entrepreneurs sont également riches, ils peuvent faire tous des sacrifices égaux pour conserver leurs salariés, et ils le font, de sorte que l'auteur de l'abus ne peut alors se procurer des salariés nouveaux. Ses capitaux en excès sont alors perdus pour lui, car il les donne à ses salariés, en sus de ce qu'il leur donnait auparavant, sans recevoir d'eux plus de travail.

Toutefois, il n'est pas alors perdu de travail comme il en est perdu lorsque le travail n'étant pas divisé, ou les travailleurs étant tous entrepreneurs, l'auteur de l'abus s'abstient de réduire sa production de capitaux. Si ces capitaux, en effet, sont perdus pour l'auteur de l'abus, ils ne le sont pas pour tout le monde, car les salariés qui les reçoivent en sus de ce qu'ils recevaient auparavant, peuvent s'en servir pour augmenter leur consommation, et en tirent ainsi un supplément de satisfactions.

La production de capitaux se trouve alors réduite de manière à ce que les capitaux en excès puissent être employés au fur et à mesure qu'ils apparaissent. La demande de superflu des salariés fait que quelques travailleurs cessent de produire des capitaux, pour produire du superflu, et le nombre des travailleurs qui produisent des capitaux, se trouve réduit dans la même proportion qu'il faut que cette production soit réduite, pour que les capitaux en excès puissent être employés avec un retard.

Les salariés peuvent aussi épargner les capitaux en excès, afin de s'en servir pour fonder des entreprises. Comme il n'est pas alors demandé de superflu, la production de capitaux reste aussi grande qu'elle peut l'être, tant que les salariés ne s'établissent pas ; cela permet à ces derniers de se procurer assez de capitaux pour devenir entrepreneurs, et le travail qui a produit ces capitaux, ne se trouve pas non plus perdu dans ce cas.

Il est vrai que les anciens entrepreneurs ne peuvent plus alors faire employer à la production, ceux de leurs capitaux qu'ils ne peuvent y employer eux-mêmes. Mais ils peuvent les utiliser en s'en servant, soit pour demander des produits de luxe, soit pour se procurer un supplément de loisir, car ils peuvent soutenir toute concurrence dès qu'il leur reste autant de capitaux qu'ils peuvent en employer eux-mêmes, personne n'en possédant alors davantage. Il n'est donc pas alors perdu de travail, puisque celui qui est employé à la production de capitaux, n'est réduit que de la quantité qui est employée à produire du superflu, ou qui pourrait être effectuée, pendant le supplément de temps que ces entrepreneurs consacrent volontairement au loisir.

L'auteur de l'abus de la capitalisation peut éviter de perdre ses capitaux en excès, en les employant à l'augmentation des salaires, si les entrepreneurs sont inégalement riches. Cet emploi contraint alors les entrepreneurs peu riches à cesser d'employer des salariés, et cela lui permet de se procurer les salariés dont il a besoin pour faire employer à la production, le supplément de capitaux que lui donnera une nouvelle opération de production. Son premier supplément de capitaux tombe ainsi entre les mains des salariés, du moins en partie, sans qu'il reçoive de travail en échange ; mais on ne peut pas dire que ce supplément soit perdu pour lui, puisqu'il atteint, en l'employant de cette manière, le but qu'il poursuit.

Il l'atteint, quel que soit le parti que prennent les petits entrepreneurs. Ces derniers peuvent aussi alors augmenter les salaires. Avec les modes prolongés de production que l'on emploie aujourd'hui, les capitaux employés à rémunérer les salariés doivent être assez abondants pour leur fournir le nécessaire pendant un temps assez long ; les entrepreneurs qui ne possèdent pas de capitaux en excès, peuvent donc, en employant prématurément une partie de leurs capitaux, augmenter aussi les salaires. Ils peuvent même les augmenter autant que ceux qui en possèdent ; il leur est seulement impossible de les augmenter d'une manière permanente, comme peuvent le faire ces derniers. Les petits entrepreneurs peuvent donc, dès que les auteurs de l'abus augmentent les salaires, ou se refuser à les augmenter, ou les augmenter aussi pour quelque temps.

Si ces entrepreneurs se refusent à augmenter les salaires, leurs salariés les abandonnent pour passer chez les auteurs de l'abus, et ces derniers se procurent ainsi les salariés dont ils ont besoin. S'ils augmentent les salaires ils se trouvent bientôt hors d'état de continuer à produire, puisque, pour pouvoir les augmenter, ils doivent employer une partie de leurs capitaux, avant le moment où ils devraient l'employer, pour pouvoir achever leur opération de production, ce qui fait que ce moment venu ils se trouvent hors d'état de faire les avances nécessaires, pour pouvoir achever cette opération.

Il est vrai que, si les salariés ont épargné, les petits entrepreneurs peuvent leur emprunter leurs épargnes, et se mettre ainsi à même de continuer à produire ; mais cela n'est possible que pendant quelque temps. Le capital ainsi emprunté ne permet pas aux petits entrepreneurs d'augmenter leur production, puisqu'il ne forme que le supplément d'avances que l'augmentation des salaires les contraint à faire ; ils ne reproduisent donc qu'une quantité insuffisante de capitaux, puisqu'ils n'en reproduisent pas plus qu'auparavant. Il résulte de cela qu'ils ne peuvent, non seulement rendre les capitaux empruntés, mais continuer à produire qu'en empruntant de nouveau, à chaque opération de production nouvelle, et qu'ils ne tardent pas à devoir plus qu'ils ne possèdent. Les salariés se refusent alors à faire des prêts nouveaux, et ces entrepreneurs se trouvent encore dépourvus de capitaux suffisants, et contraints à cesser de produire.

Ce prêt n'a même pas pour effet de réduire le nombre des petits entrepreneurs qui sont ruinés, car s'il retarde le moment de leur chute, il fait aussi qu'ils tombent en plus grand nombre à la fois. L'augmentation des salaires ne ruine pas tous les entrepreneurs auxquels elle fait subir des pertes, et, comme elle dure alors plus longtemps, elle en ruine un plus grand nombre.

Lors donc que les petits entrepreneurs augmentent aussi les salaires, les auteurs de l'abus peuvent néanmoins se procurer les salariés nouveaux dont ils ont besoin.

Ce sont alors les petits entrepreneurs seulement, c'est-à-dire des entrepreneurs qui n'ont pas abusé de la capitalisation, qui subissent les pertes de capitaux que cause cet abus. S'ils se refusent à augmenter les salaires, ils ne peuvent plus utiliser qu'en les consommant improductivement, les capitaux qu'ils faisaient auparavant employer par des salariés ; s'ils les augmentent, ils voient ces mêmes capitaux passer peu à peu dans les mains de leurs salariés, sans rien recevoir en échange.

Toutefois, il n'est pas alors perdu de travail, si les petits entrepreneurs n'augmentent pas les salaires. Les salariés de ces entrepreneurs ne les abandonnent, dans ce cas, qu'au fur et à mesure qu'ils peuvent entrer chez les auteurs de l'abus. Ces entrepreneurs eux mêmes, dès qu'ils cessent de produire, peuvent être employés comme salariés chez les autres entrepreneurs. Tous les travailleurs peuvent donc alors être employés sans solution de continuité. Cela est d'autant plus possible que les petits entrepreneurs peuvent demander du superflu, en échange des capitaux qu'ils ne peuvent plus faire employer, et que la demande de travail se trouve ainsi augmentée. Ils peuvent aussi se servir de ces capitaux pour se donner du loisir ; mais comme ce loisir est volontaire, puisqu'ils peuvent être employés comme salariés, il ne constitue pas une perte de travail.

Mais il n'en est plus de même si les petits entrepreneurs augmentent les salaires. Il est alors employé à cette augmentation des capitaux en excès par les grands entrepreneurs et des capitaux non en excès par les petits. La chute de ces derniers prive leurs salariés d'emploi, et les met eux-mêmes hors d'état de travailler comme entrepreneurs Or, les auteurs de l'abus ne disposent pas alors d'assez de capitaux pour employer comme salariés tous les travailleurs qui deviennent ainsi disponibles.

Pour que ces entrepreneurs puissent disposer de capitaux pour employer ces travailleurs, il faut que les salaires baissent, puisque, par suite de l'augmentation, tous leurs capitaux leur sont nécessaires pour rémunérer les salariés qu'ils emploient déjà. Si les salariés ont épargné, les salaires ne baissent pas immédiatement, car ceux d'entre eux qui sont dépourvus d'emploi, se refusent à accepter une réduction des salaires, tant qu'il leur reste des épargnes. Si les salariés ont augmenté leur consommation, les salaires diminuent immédiatement, les salariés sans emploi étant dépourvus de ressources, et les auteurs de l'abus disposent, pour employer les salariés des petits entrepreneurs ruinés, et ces entrepreneurs eux-mêmes, de ce qu'il leur reste des capitaux en excès. Mais, par suite de la baisse des salaires, la consommation des salariés diminue, et les travailleurs qu'ils alimentaient auparavant au moyen de leur supplément de salaire, se trouvent à leur tour sans emploi. Or, les auteurs de l'abus ne disposent pas de capitaux pour employer ces travailleurs.

Quoique les auteurs de l'abus ne disposent pas immédiatement d'assez de capitaux pour employer tous les travailleurs disponibles, il y en a toujours plus que la production n'en exige, puisqu'il y en a plus qu'on ne peut en consommer pendant l'opération de production en cours. Seulement, une partie de ces capitaux, qui dépasse en quantité les capitaux en excès, se trouve, soit entre les mains des salariés, soit entre celles des travailleurs qui leur fournissaient un supplément de produits, et ne peut être employée à la production.

Dans ce dernier cas, il est évident que ces capitaux ne peuvent être employés à la production, puisqu'il n'est plus rien demandé aux entrepreneurs qui les détiennent. Quand ils sont entre les mains des salariés, ils ne peuvent être employés ni par les auteurs de l'abus, ni par les salariés eux-mêmes.

Les auteurs de l'abus pourraient sans doute emprunter ces capitaux aux salariés pour les faire employer à la production ; mais leurs intérêts le leur interdisent. Il leur est avantageux que les salaires diminuent, puisque ce n'est qu'à cette condition qu'ils peuvent tirer un profit de l'abus de la capitalisation, et les salaires ne diminueraient pas, s'ils empruntaient ces capitaux et les faisaient employer à la production.

Ces capitaux ne sont pas assez abondants pour permettre aux salariés de fonder des entreprises. Les capitaux en excès ne sauraient être très abondants, puisque la concurrence pour l'achat du travail, qui fait tomber les petits entrepreneurs, éclate dès qu'il y en a, si peu que ce soit. Les salariés des auteurs de l'abus, qui reçoivent ces capitaux, ne sauraient donc en recevoir assez pour fonder des entreprises. Quant aux autres salariés, ils en reçoivent encore moins que les précédents puisque, n'étant employés que pendant une partie de la durée de l'opération de production au cours de laquelle les capitaux en excès sont employés, ils ne reçoivent ainsi des salaires élevés que pendant une partie de la durée de cette opération.

Les auteurs de l'abus, ne possédant pas immédiatement assez de capitaux pour employer comme salariés tous les travailleurs que la chute des petits entrepreneurs prive d'emploi, et les capitaux qui sont tombés entre les mains des salariés comme supplément de salaire ne pouvant être employés à la production, les travailleurs qui se trouvent ainsi privés d'emploi, ne peuvent être employés depuis le moment où les petits entrepreneurs tombent, jusqu'à celui où l'opération de production au cours de laquelle ces entrepreneurs tombent est achevée.

Il peut même se faire qu'ils ne puissent encore l'être, pendant quelque temps après l'achèvement de cette opération. Les capitaux qui existent alors sont, d'abord les capitaux en excès, qui n'ont pu évidemment être consommés au cours de l'opération qui vient de s'achever, ensuite, ceux qui ont été produits, au cours de cette même opération, par les auteurs de l'abus. Les premiers ne peuvent encore être employés à la production, car ils sont représentés par ceux ou par une partie de ceux qui se trouvent entre les mains des producteurs de superflu, auxquels il n'est toujours rien demandé, ou entre celles des salariés ; on ne peut donc y employer que les seconds. Si les salariés ont épargné, les auteurs de l'abus ont produit autant qu'auparavant, car l'augmentation des salaires ne les contraint pas à réduire leur production ; mais ils n'ont pas produit davantage, car elle les empêche de l'augmenter. Si les salariés ont augmenté leur consommation, les auteurs de l'abus ont pu augmenter leur production, puisque les salaires ont diminué. Mais, même dans ce dernier cas, il peut se faire que les capitaux produits par ces entrepreneurs soient insuffisants, car la réduction de la production de capitaux causée par la ruine des petits entrepreneurs, peut être plus forte que l'augmentation qu'elle a éprouvée par le fait des auteurs de l'abus.

Si donc, lorsque les entrepreneurs sont inégalement riches, l'abus de la capitalisation a lieu, et que les petits entrepreneurs augmentent les salaires comme les autres, cet abus a pour effet de causer des pertes de travail.

Les petits entrepreneurs préfèrent augmenter les salaires que de renoncer à produire, car ce parti, quoiqu'il les ruine aussi bien que l'autre, leur laisse au moins un espoir que celui-ci leur enlèverait : il permet à chacun d'eux d'espérer échapper à la ruine si, avant qu'il se trouve contraint de cesser de produire, d'autres tombent en assez grand nombre pour que les salaires baissent, car la baisse des salaires fait que les entrepreneurs qui éprouvent des pertes cessent d'en éprouver, et leur permet même de réparer celles qu'ils ont subies, si elles ne sont pas très élevées. Lors donc que, les entrepreneurs étant inégalement riches, l'abus de la capitalisation a lieu, il se produit toujours des pertes de travail.

Le dernier état de la production dont nous venons de parler, ne diffère de celui qui existe aujourd'hui que parce qu'il ne comprend ni l'existence du crédit autre que celui que les salariés font aux petits entrepreneurs, ni l'usage d'instruments d'échange. Nous serons donc fixés sur les effets actuels de l'abus de la capitalisation, lorsque nous nous serons rendu compte des effets de ce crédit, ainsi que de ceux de l'emploi d'instruments d'échange, relativement à cet abus.

Ce nouveau crédit a une double origine. Il provient en premier lieu de ce que les richesses sont inégalement réparties, de ce qu'il y a des hommes qui possèdent beaucoup d'agents naturels ou de capitaux, et d'autres qui en possèdent peu ou n'en possèdent pas. Il provient ensuite de ce que, pour des causes diverses, il y a des hommes qui sont incapables d'utiliser eux-mêmes les agents naturels ou les capitaux qu'ils possèdent. Ce sont là, de beaucoup, les principales causes du développement du crédit.

Ceux qui possèdent beaucoup d'agents naturels ou de capitaux, veulent s'épargner la peine de travailler, et, pour y parvenir, offrent leurs agents naturels et leurs capitaux à loyer ; ceux qui ne peuvent employer les leurs, soit parce qu'ils en sont incapables, soit parce qu'ils n'en ont pas suffisamment pour pouvoir fonder des entreprises, sont contraints, pour pouvoir les conserver, de les offrir aussi à loyer. D'autre part, ceux qui possèdent une certaine quantité de ces choses, mais pas assez pour pouvoir fonder des entreprises, ou pour pouvoir en fonder d'importantes, sont contraints, pour pouvoir le faire, d'en demander à loyer. Il est donc donné et pris beaucoup d'agents naturels et de capitaux à loyer, en dehors du prêt des salariés aux petits entrepreneurs.

Cette forme du crédit aggrave fortement la diminution de la production que cause l'abus de la capitalisation. Lorsque, par suite de cet abus, les salaires augmentent, c'est, naturellement, parmi les entrepreneurs qui ont pris des agents naturels ou des capitaux à loyer, que cette augmentation fait le plus de victimes, puisque ces entrepreneurs ont à supporter des charges que ne supportent pas les autres. Les propriétaires et les capitalistes subissent donc alors des pertes : les premiers perdent une partie de leurs loyers, et les seconds, non seulement une partie des intérêts qui leur sont dus, mais encore une partie de leurs capitaux. Cela les rend, les uns et les autres, très défiants, et fait qu'ils retirent, dès qu'ils le peuvent, leurs agents naturels ou leurs capitaux des mains de ceux de leurs locataires ou débiteurs, dont la solvabilité leur inspire le moindre doute, et qu'ils ne consentent plus ni locations, ni prêts nouveaux que sur des garanties leur offrant une sécurité absolue. Cette conduite de leur part met un assez grand nombre d'entrepreneurs qui ne sont pas ruinés, dans la nécessité de réduire ou de supprimer leur production. Ce crédit fait donc augmenter les pertes de travail que cause l'abus de la capitalisation.

Nous avons dit que lorsqu'ils veulent échanger entre eux des produits au moyen de monnaie, les producteurs d'objets de consommation doivent d'abord offrir des produits de leur industrie aux producteurs de monnaie ; puis, lorsqu'ils se sont ainsi procuré de la monnaie, se l'offrir les uns aux autres en s'en offrant en même temps l'équivalent en produits.

Les salaires devant alors être payés en monnaie, il faut aussi, dès que l'on veut échanger des produits contre du travail, offrir des produits à ceux qui produisent de la monnaie, puis, offrir la monnaie que l'on reçoit d'eux, à ceux qui offrent leur travail, en leur en offrant en même temps l'équivalent en produits.

Comme, lorsque des entrepreneurs veulent capitaliser au moyen de salariés, il est déjà employé de la monnaie pour l'échange des produits, pour se procurer le supplément de monnaie dont ils ont besoin dans ce but, ces entrepreneurs n'offrent pas directement des produits de leur industrie, aux producteurs de monnaie; ils les offrent à l'ensemble des consommateurs : mais cela équivaut à les offrir aux producteurs de monnaie. Pour pouvoir échanger ces produits, qui forment un supplément de production, ils doivent baisser leurs prix de vente, et cela cause une baisse générale des prix, car les autres entrepreneurs, pour pouvoir continuer à échanger leurs produits, sont contraints de baisser aussi les leurs. Or, la baisse des prix rend la production de monnaie plus avantageuse, et elle constitue ainsi une incitation à produire un supplément de monnaie.

Si la production des mines qui fournissent la matière première de la monnaie, peut augmenter de manière à ce que le coût du supplément à produire ne soit pas trop élevé, c'est-à-dire, soit tel qu'il permette au travailleur de se procurer plus de ressources que dans d'autres industries, cette production augmente, et le prix des produits ne tarde pas à remonter à son niveau antérieur.

Si cela n'est pas possible, on emploie le billet de banque, et le prix des produits ne baisse pas, car les instruments d'échange se multiplient alors aussitôt que les produits, et dans la même proportion.

Mais si les capitaux à employer sont en excès, c'est-à-dire, s'il n'existe pas de salariés disponibles, susceptibles d'être employés, le capitalisateur n'a aucun avantage à recourir au billet de banque, car il ne peut alors que l'employer à l'augmentation des salaires, ou le garder par devers lui. Dans ces conditions, il préfère demander de la monnaie à la consommation, et les prix baissent.

La baisse de prix qui reste ainsi acquise, constitue une véritable augmentation des salaires. Le taux des salaires ne diminue pas immédiatement, car la demande de travail, bien loin de diminuer, tend à augmenter, puisqu'il existe plus de capitaux qu'auparavant. Le prix des produits diminuant, les salariés peuvent se procurer plus de produits qu'auparavant, et les salaires se trouvent ainsi réellement augmentés. Mais cette baisse ne procure aucun profit semblable aux entrepreneurs, car s'ils achètent à plus bas prix les produits destinés à leur consommation, ils vendent aussi à plus bas prix les produits qu'ils échangent pour se procurer la monnaie nécessaire à ces achats ; de sorte que les produits qu'ils se procurent par l'échange, leur coûtent toujours autant de leurs propres produits que par le passé.

La baisse du prix des produits, constituant une augmentation indirecte des salaires, produit les mêmes effets que produirait leur augmentation directe, si l'on n'employait pas de monnaie. Le prix des produits diminuant, alors que le taux des salaires ne diminue pas, il rentre aux entrepreneurs, moins de monnaie qu'auparavant, alors qu'ils ont toujours à en donner autant aux salariés, et il peut se faire qu'il ne leur en rentre que moins qu'ils n'en ont à donner. Les entrepreneurs qui se trouvent dans ce cas, sont contraints de réduire ou de supprimer leur production.

Les auteurs de l'abus peuvent supporter une réduction de leurs rentrées sans réduire leur production, puisqu'ils ont capitalisé, ce qui prouve que leurs rentrées sont supérieures à leurs avances. De plus, la réduction de leurs rentrées ne saurait être assez grande pour les contraindre à réduire leur production, puisque son importance dépend de leur volonté. Mais les petits entrepreneurs ne peuvent supporter une telle réduction sans réduire leur production, leurs rentrées n'étant point supérieures à leurs avances. Ces derniers sont donc contraints de réduire ou de supprimer leur production.

La ruine de ces entrepreneurs permet aux auteurs de l'abus de se procurer des salariés nouveaux. Elle leur permet aussi de se procurer la monnaie nécessaire pour les rémunérer car, en faisant diminuer la production, elle cause le relèvement des prix, ce qui fait qu'ils reçoivent ainsi de nouveau, plus de monnaie qu'il ne leur en faut pour continuer à produire comme par le passé.

Cette ruine des petits entrepreneurs est aussi une cause de perte de travail. Ainsi que nous l'avons déjà exposé, l'abus de la capitalisation ne fournit pas aux salariés assez de capitaux pour qu'ils puissent fonder des entreprises ; les travailleurs que cette ruine rend disponibles, ne peuvent donc être employés que par les auteurs de l'abus. Si les salariés ont épargné, les salaires ne diminuent pas immédiatement et les auteurs de l'abus, ayant baissé leur prix, ne possèdent pas immédiatement de monnaie disponible pour employer les travailleurs sans emploi. Si les salariés ont augmenté leur consommation, les salaires baissent et ces entrepreneurs ont de la monnaie disponible; mais ils n'en ont pas suffisamment. En auraient-ils d'ailleurs suffisamment qu'ils n'emploieraient pas les travailleurs disponibles, car les produits, étant trop abondants, s'échangent difficilement, et les entrepreneurs sont intéressés à n'avoir qu'autant de produits qu'il leur en faut pour pouvoir fournir aux consommateurs tout ce que ces derniers leur demandent. De toute manière, les travailleurs que la ruine des petits entrepreneurs prive d'emploi, en restent donc privés pendant un temps plus ou moins long.

Tous les effets de l'abus de la capitalisation avec emploi de monnaie, que nous venons d'exposer, ne sont autres que ceux qui se produiraient, si l'on n'employait pas de monnaie. L'abus de la capitalisation, quand on emploie de la monnaie, présente donc tous les inconvénients qu'il présenterait, si l'on n'en employait pas. Mais il en présente encore d'autres, qui sont, par suite, imputables à l'usage de monnaie.

Les impôts doivent être alors payés en monnaie. Lorsque les prix baissent, la somme de monnaie que chaque contribuable doit verser au fisc n'est pas réduite, quoique cette somme représente alors une plus grande quantité de ses produits qu'auparavant. L'usage de monnaie fait donc augmenter les impôts, lorsque l'abus de la capitalisation a lieu. Par conséquent, il fait qu'il est alors ruiné un plus grand nombre d'entrepreneurs, et que les pertes de travail sont plus grandes.

Si l'on n'employait pas de monnaie, les locataires ou fermiers n'auraient toujours à donner qu'une même quantité de produits pour payer la rente, et les débiteurs n'auraient aussi toujours à donner qu'une même quantité de produits pour payer l'intérêt, et n'auraient à donner qu'autant de produits qu'ils en auraient reçus, pour rendre les capitaux qu'ils auraient empruntés. Avec l'usage de monnaie, ils doivent payer la rente et l'intérêt en monnaie, ainsi qu'emprunter et rembourser les capitaux en monnaie. Ils ne doivent aussi toujours donner ou rembourser qu'une même somme de monnaie. Mais si les agents naturels et les capitaux ont été pris à loyer avant la baisse du prix des produits, cette somme de monnaie, lorsque cette baisse a eu lieu, représente une plus grande quantité de produits qu'auparavant, de sorte que la rente, l'intérêt, les capitaux empruntés se trouvent alors augmentés, ce qui fait aussi augmenter le nombre des entrepreneurs qui se ruinent, et les pertes que cause l'abus de la capitalisation.

L'augmentation de la rente, de l'intérêt et des capitaux ne se produit pas lorsque ce sont les salariés qui prêtent ; parce qu'ils ne le font qu'après que le prix des produits a diminué. Mais elle a lieu lorsque le crédit est fait par les riches et par ceux qui ne peuvent employer eux-mêmes leurs capitaux, parce que ces prêteurs donnent à loyer des agents naturels ou prêtent des capitaux avant que le prix des produits ait diminué. L'usage de monnaie cause donc bien des pertes de travail dans ce dernier cas.

L'usage de monnaie fait aussi que lorsque l'abus de la capitalisation a lieu, le crédit se resserre plus fortement, et reste resserré plus longtemps. En général, les produits s'altèrent et se détruisent rapidement, tandis que la monnaie se conserve indéfiniment, quand on ne la fait pas circuler. Si l'on prêtait des produits, les capitalistes, quand ils auraient à craindre de perdre leurs capitaux en les prêtant, auraient aussi à craindre de les perdre en ne les prêtant pas. Par suite, ils devraient se résigner à courir le premier risque pour éviter le second, lorsque celui-ci serait le plus grave, et ils seraient moins pressés de réclamer leurs capitaux, lorsqu'il se produirait des faillites, et plus disposés à prêter à nouveau, lorsque la prospérité reparaîtrait. Les capitaux prêtés devant leur être remboursés en monnaie, ils n'ont pas à craindre que le temps les détruise pendant qu'ils les gardent entre leurs mains ; aussi se les font-ils rendre à la moindre alerte, et se refusent-ils à les prêter à nouveau jusqu'à ce que leurs inquiétudes soient entièrement dissipées. L'usage de monnaie fait donc encore ainsi augmenter les pertes que cause l'abus de la capitalisation, puisque le resserrement du crédit fait augmenter ces pertes.

On ne saurait prétendre qu'il est impossible que les capitaux deviennent trop abondants. Pour qu'il en fût ainsi, il faudrait qu'aucun homme ne pût arriver à posséder des capitaux suffisants qu'à l'instant même où il cesserait de pouvoir en créer, ce qui n'est certainement pas le cas. Ceux qui parviennent à se créer plus de capitaux qu'ils ne peuvent en employer eux-mêmes, peuvent, il est vrai, faire employer l'excédent par des salariés, mais cela augmente leur capacité de capitalisation, puisqu'ils réalisent un bénéfice sur le produit du travail des salariés ; ils peuvent donc créer assez de capitaux, d'abord pour employer comme salariés, tous les travailleurs qui en sont dépourvus, ensuite pour qu'il y en ait en excès.

Il se détruit, il est vrai, une grande quantité de capitaux, mais les faits montrent que cela n'empêche pas leur multiplication d'être excessive. Il éclate périodiquement des crises, ou ensembles de faillites qui, de l'aveu à peu près général, sont dues à des encombrements de produits. Il n'y a de surabondance de produits que lorsqu'on a augmenté la production, et l'augmentation de la production n'est autre chose que l'effet de la capitalisation. Il est donc incontestable que ces crises sont dues à l'abus de la capitalisation.

On prétend qu'il n'en est pas ainsi parce que les capitaux font encore défaut dans quelques pays. Les capitaux, en effet, se déplacent avec la plus grande facilité, et s'il y en a trop dans quelques pays, l'excédent peut passer dans ceux où il en manque. Mais c'est à la condition qu'ils trouvent dans ces derniers, la sécurité dont ils ont besoin pour se conserver, et c'est précisément ce qu'ils ne trouvent pas, dans les pays où ils font actuellement défaut. Ce n'est donc pas parce qu'il n'existe pas de capitaux en excès dans certains pays, qu'il n'y en a pas suffisamment dans d'autres.

On objecte encore que les salaires sont généralement peu élevés, relativement aux besoins des salariés, même aux moments où ces crises éclatent, et qu'ils devraient alors être très élevés, s'il existait, comme nous le prétendons, trop de capitaux. Mais les capitaux en excès ne sont pas uniquement employés à augmenter les salaires, car la baisse des prix, au moyen de laquelle cette augmentation a lieu, fait aussi augmenter la rente, l'intérêt et les impôts ; or, c'est aussi au moyen des capitaux en excès, que l'augmentation de ces trois choses est payée.

Enfin, on dit qu'à la veille des crises en question, il se trouve encore, dans les pays où elles ont lieu, des salariés sans emploi, et qu'il ne peut y avoir de capitaux en excès que s'il n'existe pas de travailleurs pour les employer. Mais il peut y avoir des capitaux en excès sans que tous les salariés soient employés Les entrepreneurs n'ont avantage à faire employer leurs capitaux à la production qu'autant que cela leur donne un profit, ou, tout au moins, ne leur cause pas de pertes, et il existe des salariés qui sont incapables d'employer des capitaux dans ces conditions. Ce sont ces salariés qui se trouvent sans emploi à la veille des crises en question. Ces salariés ne sont employés que d'une façon intermittente, de sorte qu'il y en a toujours un certain nombre qui sont sans emploi. Le nombre de ceux d'entre eux qui sont sans emploi tend même à être plus élevé à la veille des crises en question qu'à d'autres moments, car plus les salaires sont élevés, plus il est difficile de les employer.

En résumé, l'emploi de capitaux donne naissance à un abus qui cause des pertes de travail, et ces pertes sont aggravées par le crédit et par l'usage de monnaie. Elles le sont au point qu'il est ainsi enlevé à l'humanité, une grande partie des avantages qu'elle pourrait tirer de la division du travail et de l'emploi de capitaux.

CHAPITRE IX

DES MONOPOLES INDUSTRIELS ET COMMERCIAUX

L'abus de la capitalisation aboutit à la création de monopoles industriels et commerciaux. Les entrepreneurs qui abusent de la capitalisation, se procurant des salariés nouveaux en ruinant d'autres entrepreneurs, cet abus tend sans cesse à réduire le nombre des entreprises dans chaque industrie, et, par conséquent, à faire de chaque industrie, le monopole d'une seule entreprise.

Les choses, toutefois, ne vont pas ordinairement jusqu'à ce point. Lorsque, dans une industrie quelconque, les entreprises sont devenues très peu nombreuses, elles sont presque toujours toutes aussi importantes et aussi riches les unes que les autres, et aucune d'elles ne peut plus ruiner les autres ; de sorte que leur nombre, ne pouvant plus diminuer, ne peut être ramené à l'unité.

Mais cela n'empêche pas qu'il y ait monopole. Il est alors nuisible à ces entreprises de se faire concurrence les unes aux autres, les sacrifices qu'elles doivent faire pour cela, ne pouvant plus être compensés par l'avantage que peut leur procurer l'augmentation du nombre de leurs salariés, puisque cette augmentation ne peut plus avoir lieu. Elles ont donc un avantage évident à supprimer toute concurrence entre elles, et c'est ce à quoi elles parviennent en s'accordant pour limiter la production dans leur industrie. Or, cela constitue aussi l'établissement d'un monopole. Ce n'est plus le monopole d'une seule entreprise, mais c'est le monopole d'une association formée de plusieurs entreprises.

La constitution de monopoles de ce genre fait disparaître l'abus de la capitalisation, mais la disparition de cet abus dans ces conditions, n'est pas avantageuse à la production. Les possesseurs de monopoles de ce genre ne se bornent pas, en général, à empêcher la production de dépasser la demande, ce qui serait avantageux à la production ; le plus souvent, ils la ramènent au-dessous, car cela leur permet d'augmenter leurs bénéfices en deux manières : d'abord en contraignant les consommateurs à se faire les uns aux autres, une concurrence plus vive, et à offrir davantage en échange de leurs produits ; ensuite en leur permettant de congédier un certain nombre d'ouvriers, ce qui les met à même de réduire leurs dépenses à la fois parce qu'ils emploient moins d'ouvriers, et parce que l'existence d'ouvriers sans travail leur permet de donner des salaires moins élevés.

La production de l'industrie monopolisée est alors moins grande que ne l'exigent les besoins. Sans doute, on ne peut la réduire que jusqu'à un certain point, car lorsque le prix des produits devient très élevé, cette réduction cesse d'être avantageuse aux possesseurs du monopole, et leur devient désavantageuse. Les ressources des consommateurs sont limitées, et quand le prix d'un produit s'élève très fortement, ils le remplacent par d'autres, ou bien ils cherchent à produire cet objet eux-mêmes, et il résulte de cela que la demande de cet objet diminue plus fortement que le prix n'en a augmenté, et que, malgré cette augmentation, les recettes des monopoleurs diminuent. D'autre part, les salaires ne peuvent tomber au-dessous de ce qui est nécessaire aux salariés pour vivre, car cela fait diminuer leur nombre, d'où résulte l'augmentation des salaires. Néanmoins, le monopole ne laisse pas de nuire à l'abondance des richesses, et parfois très fortement.

Il s'établit encore des monopoles d'une autre manière. Lorsque plusieurs hommes possèdent des capitaux assez abondants pour pouvoir s'abstenir de vendre pendant plus longtemps que les consommateurs ne peuvent s'abstenir d'acheter, il arrive que ces hommes s'associent entre eux, et achètent toute la production d'une industrie pour la revendre ; mais ne cèdent les produits ainsi achetés, qu'à un prix beaucoup plus élevé que le prix d'achat. Cette sorte de monopole est celle à laquelle on donne le nom d'*accaparement*.

Il arrive toujours, dans ce cas, que la consommation se restreint, et que, par suite, la production se restreint aussi. Lorsqu'il reste une certaine quantité de produits aux accapareurs, ceux-ci mettent fin à l'accaparement, et, comme leurs avances leur sont alors remboursées, même avec bénéfice, par ce qu'ils ont vendu, les produits qui leur restent, représentent uniquement pour eux du bénéfice, et ils peuvent les vendre à tout prix. C'est ce qu'ils font pour s'en débarrasser. Mais pendant qu'ils écoulent ainsi ces objets, ceux qui en produisent, ne pouvant les vendre à aussi bas prix qu'eux, sont contraints, pour éviter des pertes, ou pour perdre le moins possible, de suspendre la production. L'accaparement est donc aussi nuisible à la production.

Le monopole généralisé créerait un état de choses assez différent. Lorsqu'une industrie ou quelques industries seulement, sont monopolisées, les profits que donne le monopole sont réalisés aux dépens des producteurs des autres industries et de tous les salariés. Ils sont réalisés aux dépens des producteurs de toutes les autres industries parce que ces producteurs sont contraints de donner plus qu'auparavant, pour se procurer les produits des industries monopolisées, et ils sont réalisés aux dépens des salariés parce que le monopole fait qu'il en est employé moins, et cause ainsi la baisse des salaires.

Si le monopole était généralisé, aucune industrie ne pourrait plus faire de profits aux dépens des autres, car toute réduction de la production ou des offres dans l'une d'elles, serait immédiatement suivie d'une réduction équivalente dans les autres, de sorte qu'une telle réduction n'aurait plus d'autre effet que d'amener la diminution des ressources de tout le monde. Les possesseurs de monopoles devraient alors se borner à limiter la production dans chaque industrie, de manière à l'empêcher de devenir excessive, et le monopole ne pourrait plus donner de profit par réduction de la production au-dessous des besoins.

Mais, en revanche, il en donnerait davantage aux dépens des salariés. Dès que, dans toutes les industries, la production serait limitée de manière à ce qu'il ne se produisît pas d'excédent, les entrepreneurs cesseraient de se faire réciproquement concurrence pour l'emploi des salariés ; chacun d'eux serait alors libre de fixer à son gré le montant des salaires, et pourrait les réduire au strict nécessaire, ce qui lui permettrait de réaliser la plus grande quantité de profits que la production puisse donner.

La production n'éprouverait plus alors ces réductions qui résultent des excès de la capitalisation, puisque ces excès n'auraient plus lieu Mais elle en éprouverait d'autres. Les salariés, n'ayant plus alors aucun espoir d'obtenir une augmentation de leurs salaires, n'auraient aucun intérêt à rendre la production abondante. Au contraire, le seul avantage qu'ils pourraient espérer d'obtenir, serait de se procurer le nécessaire avec le moins de travail possible ; ils n'auraient plus d'autre but que de l'obtenir, et ils parviendraient toujours à l'obtenir plus ou moins. L'histoire et l'expérience nous apprennent qu'il en est toujours ainsi lorsque les salariés n'ont aucun intérêt à ce que la production soit abondante. Pas plus que le monopole à l'état d'exception, le monopole généralisé ne serait donc un remède aux maux que cause l'abus de la capitalisation.

CHAPITRE X

DE LA LOI DES DÉBOUCHÉS

On est si bien convaincu qu'il arrive que la production est supérieure aux besoins que, pour trouver le moyen d'y remédier, on a cherché la loi en vertu de laquelle les produits s'échangent ou, comme on dit ordinairement, trouvent des débouchés.

Nous avons dit que pour que des produits soient échangés, il faut que quelqu'un en ait besoin et ait quelque chose à donner en échange ; nous avons dit aussi que, pour que tous les objets de consommation que l'on peut produire soient nécessaires à des consommateurs, il faut, en règle générale, que chacun consomme l'équivalent de ce qu'il produit, que l'épargne et la capitalisation, qui permettent de produire plus que l'on ne consomme sans créer d'excédent, ne le permettent que dans une certaine limite. Ces règles constituent la loi des débouchés.

J.-B. Say a formulé une théorie de la loi des débouchés qui a été adoptée par beaucoup d'économistes, et qui peut se résumer ainsi : *Les produits s'échangent contre des produits ; tout produit trouve donc d'autant plus d'acheteurs que les autres sont plus abondants et plus variés. Par conséquent, pour obtenir l'échange des pro-*

duits en excès, il faut pousser à la multiplication des produits d'autres sortes.

Mais il est inexact que tout produit trouve d'autant plus d'acheteurs que les autres sont plus abondants et plus variés. Il est certain que plus ces derniers sont abondants, plus les travailleurs qui les produisent ont à offrir en échange du premier ; mais pour que l'échange complet du premier soit possible, cela ne suffit pas ; il faut encore que ces travailleurs aient besoin de la totalité de ce produit, et il peut se faire qu'ils n'en aient pas besoin.

Il peut se faire que des produits ne s'échangent pas parce que les consommateurs qui en ont besoin, n'ont rien à donner en échange. Lorsqu'il en est ainsi, l'augmentation de la production permet à ces produits de s'échanger, car elle procure des ressources aux consommateurs qui en manquent. Toutefois, il est à remarquer que ce n'est pas par la multiplication des produits qui s'échangent en totalité que ce résultat s'obtient. La production augmente alors parce que les possesseurs des objets qui ne s'échangent pas, les capitalisent, en employant, comme salariés, les consommateurs dépourvus de ressources, et ces capitalisateurs ne font produire que des objets semblables à ceux qu'ils produisaient déjà auparavant. C'est donc la production d'objets de même sorte que ceux qui ne s'échangent pas, qui rend possible l'échange de ces derniers.

Mais il peut se faire aussi que des produits ne s'échangent pas, parce que personne n'en a besoin, et lorsqu'il en est ainsi, il arrive quelquefois que ces produits s'échangent alors que les autres deviennent plus abondants. Mais si ces produits s'échangent, ce n'est pas seulement parce que les autres deviennent plus abondants ; c'est encore parce qu'ils deviennent eux-mêmes moins abondants. Ce fait a lieu lorsque le travail est mal distribué, que certains produits sont trop abondants et que d'autres le sont trop peu. Nous avons vu, en effet, que lorsqu'il en est ainsi, la production des premiers diminue, et celle des seconds augmente, de telle manière que les premiers finissent par pouvoir s'échanger en totalité. Ce n'est donc pas une simple augmentation de production qui, dans ce cas, rend possible l'échange de produits auparavant en excès.

Un certain nombre d'économistes commettent, en voulant justifier la théorie de J.-B. Say, une confusion qui n'est peut-être pas involontaire. Ces économistes disent que lorsque des marchands échangent entre eux, chacun d'eux peut échanger d'autant plus que les autres possèdent plus de produits, et prétendent que cela prouve que, pour que des produits qui ne peuvent pas s'échanger le puissent, il suffit que les autres produits deviennent plus abondants. Mais ils emploient ainsi le mot d'*échange* dans un autre sens que celui qu'on lui donne quand on dit que des produits ne peuvent être échangés. On entend par là que ces produits ne cessent pas d'être offerts à l'échange; or, l'échange entre marchands ne fait pas que les produits cessent d'être offerts; c'est seulement l'échange entre producteurs et consommateurs qui a ce résultat, et c'est uniquement de ce dernier échange que l'on parle, quand on dit que des produits ne peuvent être échangés.

CHAPITRE XI

DE L'INTERVENTION DU LÉGISLATEUR DANS LA CAPITALISATION

La concurrence est l'indice d'une opposition d'intérêts quand elle nuit aux intérêts de tous, ou n'est utile aux uns qu'à la condition d'être nuisible aux autres.

Elle ne produit pas toujours de tels effets. Dans toute concurrence, les uns l'emportent sur les autres ; mais il ne résulte pas de cela que la concurrence soit toujours nuisible à ces derniers, car il peut se faire qu'elle ait pour eux plus d'avantages que d'inconvénients. Telle est, par exemple, celle qui se produit à l'occasion de la distribution du travail. Cette concurrence, nécessaire à l'existence de la division du travail, permet à tout le monde de jouir des avantages de cette division, et ces avantages sont si grands qu'elle est ainsi utile, même à ceux à qui elle fait subir le plus de pertes. Cette concurrence, étant ainsi utile à tout le monde, n'est donc l'indice d'aucune opposition d'intérêts.

Mais il n'en est pas de même de celle qui naît de l'abus de la capitalisation. Cette dernière n'est nécessaire, ni à l'existence de la division du travail, ni à celle d'aucune autre chose avantageuse à tous. Elle est donc uniquement nuisible à ceux à qui elle cause des pertes. Par conséquent, elle est le signe d'une opposition d'intérêts entre les concurrents, puisqu'elle se trouve ainsi être utile aux uns et nuisible aux autres.

Aucune opposition d'intérêts ne pouvant être supprimée que par la loi, l'intervention du législateur est donc nécessaire pour que les pertes que cause l'abus de la capitalisation soient supprimées.

Cet abus consistant en ce que l'on veut créer des capitaux nouveaux, alors qu'il en existe déjà de suffisants, pour le faire disparaître, il faut donc, lorsqu'il existe déjà des capitaux en quantité suffisante, mettre les travailleurs hors d'état d'en créer de nouveaux.

On pourrait y parvenir en leur interdisant d'effectuer le travail qui les met à même de produire ces capitaux. Mais ce moyen irait à l'encontre du but que l'on se propose d'atteindre, puisque ce but est le développement de la production. Il faut donc simplement les placer dans l'alternative ou de ne pas effectuer ce travail, ou de l'employer à la production de superflu.

Ainsi que nous l'avons remarqué, ce que chaque travailleur produit, lorsque le travail est divisé, c'est ce qu'il demande ; il produit des capitaux quand il demande des capitaux, et du superflu quand il demande du superflu. Pour rendre impossible la création de capitaux en excès sans nuire au développement de la production, il faut donc que la loi mette les travailleurs, lorsqu'ils peuvent créer de tels capitaux, dans la nécessité de ne pas effectuer le travail qui peut les produire, ou de demander du superflu en échange de ce travail.

CHAPITRE XII

DE L'IMPÔT PROGRESSIF SUR LE REVENU

Il résulte de ce qui précède que, pour faire disparaître l'abus de la capitalisation, sans entraver le développement de la production, il faut que la loi établie dans ce but fasse augmenter la consommation.

On reconnaît généralement que pour faciliter la production, il faut donner de l'activité aux échanges, et, pour cela, développer la consommation. Les gouvernements font des efforts continuels dans ce but, et personne ne les en blâme. Mais les moyens qu'ils emploient pour cela sont défectueux et sans efficacité.

Ces moyens sont l'organisation de fêtes, de concours, d'expositions et l'exécution de travaux publics non nécessaires. Les trois premiers de ces moyens ont pour but d'inciter les particuliers à augmenter leur consommation, et de faire dépenser par l'Etat ce qui n'est pas dépensé par les particuliers ; le quatrième poursuit uniquement ce dernier résultat.

L'emploi de ces moyens ne parvient pas, autant qu'on le croit généralement, à faire augmenter la consommation. Ceux qui consomment ordinairement tout leur revenu, ne peuvent se livrer à des dépenses nouvelles sans en supprimer d'autres, et ceux qui ne dépensent pas habituellement tout leur revenu, étant, pour la plupart, dans l'aisance, consomment ordinairement du superflu ; ce qui leur permet, s'ils veulent se livrer à des dépenses nouvelles, d'en supprimer d'autres et, par conséquent, de ne pas augmenter non plus leur consommation. C'est donc une erreur que de considérer les dépenses que font les particuliers à l'occasion de fêtes, d'expositions, de concours, comme constituant nécessairement une augmentation de la consommation générale.

Pour se livrer lui même aux dépenses nécessaires au développement des échanges, l'Etat doit demander des ressources soit à l'impôt, soit à l'emprunt. Les impôts actuels atteignant tout le monde, lorsque l'Etat a recours à l'impôt, ceux qui consomment ordinairement tout leur revenu, sont contraints de réduire leur consommation, de sorte qu'une partie de la consommation causée par la dépenses de l'Etat n'est qu'un déplacement de consommation. De plus, ceux qui ne consomment pas tout leur revenu, s'ils consomment des produits de luxe, peuvent réduire leur consommation pour ne pas augmenter leur dépense, ce qui fait qu'une nouvelle partie de la consommation causée par l'intervention de l'Etat n'est encore qu'un déplacement de consommation. Enfin, par suite de ce que les impôts atteignent tout le monde, on ne peut les augmenter de beaucoup, et l'intervention de l'Etat n'a que peu d'effet.

L'emprunt n'a pas les inconvénients de l'impôt, car il ne le fait augmenter que très peu, et il permet ainsi de faire augmenter la consommation dans d'assez grandes proportions. Mais il incite fortement à épargner ceux qui peuvent le faire, car il leur fournit un emploi facile et sûr de leurs épargnes ; il fait donc aussi diminuer la consommation d'un côté, s'il la fait augmenter de l'autre. De plus, si on le rembourse, les capitaux en excès se trouvent reconstitués, et la surabondance des produits reparaît aussitôt. Si, d'autre part, on ne le rembourse pas, il fait augmenter continuellement les impôts pour le payement des intérêts, jusqu'à ce que l'on ne puisse plus les augmenter ; ce qui fait que l'on ne peut plus y recourir. Il ne fait donc augmenter la consommation que de peu, et pour un temps limité.

Il faut donc, pour faire disparaître l'abus de la capitalisation, employer d'autres moyens que ceux qui sont employés actuellement. Cet abus n'ayant lieu que parce qu'il existe des salariés, le moyen rationnel de le faire disparaître serait de supprimer le salariat. Malheureusement, cela ne se peut. On peut bien actuellement réduire le nombre des salariés ; mais on ne peut pas et l'on ne pourra jamais faire qu'il n'y en ait plus. Le salariat provient de deux causes. La première est l hérédité, qui fait que des hommes ne possèdent pas d'instruments de travail au moment où ils doivent commencer à travailler ; la seconde est la négligence ou l'incapacité de travailleurs possédant des instruments de travail, négligence ou incapacité qui font que ces travailleurs perdent ce qu'ils possèdent, et se trouvent ainsi dépourvus d'instruments de travail. On peut bien supprimer la première de ces causes, en répartissant également entre tous, les biens qui se transmettent de génération en génération ; mais on ne peut, en aucune manière, supprimer la seconde.

Cet abus disparaîtrait aussi, si l'on enlevait aux entrepreneurs, les capitaux qui leur permettent d'en créer en excès. De cette manière, l'État pourrait faire augmenter réellement la consommation ; car il ne serait rien enlevé aux pauvres, et les riches seraient intéressés à consommer davantage, afin d'éviter qu'il ne leur fût enlevé des capitaux. Mais cela serait nuisible à la production, parce que ces capitaux ne seraient plus créés, et que, comme ils ne sont pas en excédent des besoins, il n'y aurait plus suffisamment de capitaux.

Il suffit, d'ailleurs, pour faire disparaître cet abus, d'enlever aux entrepreneurs, le revenu des capitaux en excès. Privés de ce revenu, ces entrepreneurs auraient plus d'avantage à demander du superflu que des capitaux, en échange du revenu qui leur permettrait de créer ces capitaux, car ils se procureraient un supplément de satisfactions en l'employant de la première manière, tandis qu'ils ne s'en procureraient aucun en l'employant de la seconde ; il ne serait donc plus alors créé de capitaux en excédent des besoins, et la consommation augmenterait.

Quels sont les travailleurs qui possèdent des capitaux en excédent des besoins ? C'est parce que l'on crée des capitaux pour employer des salariés qu'il en est créé trop ; c'est donc seulement parmi les possesseurs de tels capitaux, qu'il se trouve des travailleurs possédant des capitaux en excès.

Pour déterminer quels sont ceux de ces entrepreneurs qui possèdent des capitaux en excès, nous devons chercher quels sont les capitaux qui sont en excès, c'est-à dire, créés quand il n'existe pas de salariés pour les employer.

Il y a toujours des capitaux à créer ; mais on en crée plus qu'il ne doit en être créé, et il faut déterminer quels sont ceux qui sont en excédent des besoins, et pour lesquels, il n'existe pas de salariés disponibles. Ces capitaux sont évidemment ceux dont l'emploi est nuisible à la production. Par suite de ce que l'intérêt de la production exige que tous les travailleurs aient autant de facilités les uns que les autres pour faire usage de leur capacité et de leurs forces, cet intérêt exige aussi que tous les entrepreneurs aient autant de facilités les uns que les autres pour employer des salariés. Pour qu'il en soit ainsi, il faut que les entrepreneurs qui ont commencé à employer des salariés avant d'autres, laissent à ces derniers, la faculté d'employer des salariés, avec autant de facilité qu'ils ont pu en employer eux-mêmes, car ils peuvent la leur enlever. Ils peuvent, en effet, disputer les salariés disponibles à ces derniers. Les capitaux en excès sont donc ceux qui permettent à des entrepreneurs, d'empêcher d'autres entrepreneurs d'employer des salariés aussi facilement qu'ils ont pu le faire eux-mêmes.

Par conséquent, les entrepreneurs qui possèdent des capitaux en excès, sont ceux qui peuvent empêcher d'autres entrepreneurs, d'employer des salariés aussi facilement qu'ils ont pu le faire eux-mêmes.

Il suit de cela que, plus un entrepreneur emploie de salariés, plus il doit laisser passer d'autres entrepreneurs avant lui pour l'emploi des salariés disponibles, et plus il peut créer de capitaux en excès. La faculté de créer des capitaux en excès n'est donc pas proportionnelle au nombre des salariés employés, mais progressive en raison de ce nombre. Par conséquent, la quantité de revenu qui doit être enlevée à ceux qui créent de tels capitaux, ne doit pas être proportionnelle à ce nombre, mais progressive.

En s'attribuant le revenu des capitaux en excès, l'État créerait un impôt sur le revenu, car il ne pourrait utiliser le revenu dont il s'emparerait ainsi, qu'en l'employant à l'acquittement des charges publiques. C'est donc au moyen d'un impôt sur le revenu, progressant jusqu'à rendre impossible la capitalisation individuelle, que l'on peut faire augmenter la consommation de manière à rendre impossible l'abus de la capitalisation.

CHAPITRE XIII

DES OBJECTIONS QUE L'ON OPPOSE A L'ÉTABLISSEMENT DE L'IMPOT PROGRESSIF SUR LE REVENU

Depuis longtemps déjà, ceux qui veulent plus de justice dans les rapports sociaux, se sont aperçus que, pour être équitablement réparti, l'impôt doit être basé sur le revenu, et progressif. Sans aller aussi loin, des gens qui sont intéressés au maintien de l'état de choses actuel, reconnaissent aussi qu'une partie des ressources destinées à l'acquittement des charges publiques, doit être demandée à un tel impôt, afin de compenser les inégalités de l'impôt indirect, plus lourd pour les pauvres que pour les riches. Mais tous ceux qui sont intéressés au maintien de cet état de choses, ne font pas preuve de la même équité que ces derniers, et il est fait de nombreuses objections à l'établissement de l'impôt progressif sur le revenu.

Les adversaires de cet impôt disent d'abord que l'impôt ne peut être assis sur le revenu individuel, parce que l'on ne peut connaître exactement le revenu de chacun. Mais cela est inexact. On peut, en effet, se rendre compte du revenu des propriétaires d'immeubles ou de valeurs mobilières, car, par la propriété, le fisc peut toujours remonter au propriétaire. On éprouve aujourd'hui quelques difficultés à y parvenir parce qu'il existe une propriété anonyme, sous forme de titres de rente, d'actions et d'obligations au porteur. Mais on pourrait très facilement supprimer ces difficultés, en exigeant la transformation de ces titres en valeurs nominatives.

On peut aussi se rendre compte sans difficultés, de l'importance de la partie du revenu des entrepreneurs que l'on nomme bénéfice net, puisqu'il suffit, pour cela, de se rendre compte de l'accroissement de leurs biens, et qu'il est toujours possible de se rendre compte de l'importance des biens employés à la production. Quant à l'autre partie, qui est consommée, on peut aussi en déterminer l'importance avec une précision suffisante, puisqu'on le fait déjà présentement.

Enfin, on peut se rendre compte de l'importance des

revenus provenant de la vente du travail de la même manière que de ceux des entrepreneurs. De plus, on dispose, pour cela, dans beaucoup de cas, d'une source d'informations particulières, qui permet de se rendre compte exactement de l'importance de ces revenus : c'est que le montant de ces revenus est connu des entrepreneurs qui les payent aux bénéficiaires, et que ces entrepreneurs seraient intéressés à ne pas en atténuer l'importance.

On ne peut cacher au fisc que les revenus capitalisés à l'étranger, et ceux des capitaux ainsi créés, lorsque l'impôt sur le revenu n'existe pas partout. Mais le seul inconvénient qui résulte de cela, est de faire perdre quelques ressources à l'Etat, car cela n'empêche pas la capitalisation d'être limitée dans le pays.

Mais si l'on peut déterminer le revenu de chaque contribuable avec une suffisante précision, ce ne sera, dit-on, qu'au prix de graves inconvénients. Pour y parvenir, on ne pourrait se contenter de la déclaration des contribuables, car cela donnerait lieu à de nombreuses fraudes, qui iraient toujours en se multipliant et en augmentant. Il faudrait donc que l'Etat s'attribuât le droit de se livrer à toutes les investigations nécessaires pour se renseigner, et les contribuables se trouveraient ainsi soumis à un régime tyrannique et vexatoire, qui pourrait même devenir nuisible à quelques-uns d'entre eux.

Il est évident que l'Etat ne pourrait se contenter de la déclaration des contribuables, et qu'il devrait s'attribuer le droit de se livrer à toutes les investigations nécessaires pour les contrôler ; et il est incontestable que ceux dont cet impôt ferait augmenter les charges, trouveraient ces investigations insupportables, si peu gênantes qu'elles fussent. Mais il n'en serait pas de même de ceux dont il ferait diminuer les charges et auxquels il épargnerait parfois la ruine : on peut être assuré que ces derniers prendraient allègrement leur parti de ces investigations, et ne les trouveraient nullement tyranniques et vexatoires.

On prétend que ces investigations pourraient être nuisibles à certains contribuables, en devenant la source d'indiscrétions qui découvriraient leur situation difficile ou leurs procédés particuliers de production. Mais de telles indiscrétions pourraient être évitées, puisque l'on parvient déjà aujourd'hui à éviter qu'il ne s'en produise, lorsque des particuliers doivent découvrir l'état de leurs affaires à des notaires ou à d'autres officiers ministériels.

Tout au moins, dit-on encore, cet impôt rendrait très difficile la situation de ceux qui gouverneraient. Comme, pour produire les effets qu'on en attendrait, cet impôt devrait être, sinon unique, du moins le plus important de tous de beaucoup, et qu'il serait direct, les contribuables se rendraient compte de l'importance des charges que leur ferait supporter l'Etat, et ils ne manqueraient pas de les trouver trop lourdes ; de sorte que le gouvernement serait en butte à des réclamations continuelles, auxquelles il ne pourrait donner satisfaction ; ce qui causerait un mécontentement à peu près général contre lui.

Cela n'est pas complètement exact, puisqu'il y aurait beaucoup de contribuables qui ne payeraient que peu, et que même certains membres de la société ne payeraient rien ; mais en admettant que cela le soit, que seraient ces inconvénients, auprès de ceux du régime contraire, dont nous voyons aujourd'hui les effets. L'impôt indirect, qui cache aux contribuables l'importance des charges que l'Etat leur fait supporter, est, par cela même, une cause de gaspillages si grands qu'il ne peut suffire, même avec le concours de l'impôt direct, à faire face aux dépenses publiques, et rend nécessaire le recours à l'emprunt, expédient dangereux, qui paraît retarder l'augmentation des impôts, mais qui ne la retarde nullement, car, par la facilité qu'il procure à l'Etat de trouver de l'argent, il fait augmenter le gaspillage ; de telle sorte que la caractéristique de l'impôt indirect est de tendre à conduire les peuples à la banqueroute.

Après l'assiette de cet impôt, c'est sa forme progressive que l'on critique. C'est même sur ce point qu'on l'attaque le plus vivement. Cela est d'ailleurs naturel puisque c'est par là qu'il est dangereux pour les privilégiés.

On dit que cette forme d'impôt causerait l'émigration des capitaux. Mais il faudrait évidemment, pour qu'il en fût ainsi, que cet impôt ne fût pas établi partout. Cette objection ne prouve donc pas que l'impôt progressif ne pourrait exister ; elle prouverait tout au plus qu'il ne peut exister dans un cas particulier.

Lorsqu'elle peut se produire, l'émigration des capitaux n'est pas nuisible. Elle a lieu continuellement dans les pays riches, et, bien loin de leur nuire, elle leur est utile, en les débarrassant des épargnes qui les encombrent. Dans les pays pauvres, elle n'a pas lieu, et l'impôt progressif ne l'y ferait pas naître, d'abord parce qu'il n'y atteindrait pas un taux très élevé, ensuite parce que les capitaux y sont bien rémunérés.

On dit aussi que cet impôt ferait disparaître la capitalisation et, par suite, les capitaux, puisque ceux qui se détruisent ne pourraient alors être remplacés. Mais cela ne serait possible que s'il faisait augmenter les charges de l'ensemble des contribuables. S'il se borne à faire augmenter celles des uns et à faire diminuer celles des autres, il ne fait diminuer la faculté de capitaliser des uns qu'en faisant augmenter celle des autres de manière à ce qu'il y ait compensation Or, la substitution de l'impôt progressif sur le revenu à d'autres formes d'impôt, ne rendrait nullement nécessaire une augmentation d'impôt ; elle produirait plutôt l'effet contraire, car, dans la plupart des cas, elle ferait diminuer les frais de perception.

On dit encore que cet impôt créerait dans la société, une division qui serait nuisible à l'abondance des richesses, et même à la conservation sociale. Il ferait qu'il y aurait une classe de citoyens payant l'impôt et une autre classe ne le payant pas. Or, cette dernière n'aurait aucun intérêt immédiat et apparent à ce que l'impôt fût modéré ; elle pourrait même trouver un profit temporaire à ce qu'il fût élevé ; et comme, par suite de l'existence du suffrage universel, elle aurait part au gouvernement, que ce serait même elle qui gouvernerait, car elle serait la plus nombreuse, il pourrait résulter de l'établissement de cet impôt, la destruction des capitaux, l'insuffisance de la production, et la misère pour tout le monde.

Cette objection n'est pas non plus fondée. Les membres d'une classe n'ont d'avantage immédiat à porter atteinte aux intérêts d'une autre classe que lorsqu'ils ne peuvent passer dans cette dernière, ou n'ont aucun avantage à y passer. Or, aucun obstacle insurmontable ne s'opposerait alors à ce que ceux qui ne payeraient pas d'impôts, passassent dans la classe de ceux qui en payeraient ; il leur serait même plus facile de passer dans cette classe qu'il ne l'est aujourd'hui aux pauvres, de se créer des capitaux, puisqu'ils ne payeraient pas d'impôts. De plus, il leur serait avantageux d'y passer, puisque les revenus y seraient plus élevés que dans la leur. Les impôts ne seraient donc pas augmentés à l'excès.

Enfin, les adversaires de cet impôt objectent que, si toutes ces difficultés peuvent être surmontées, il est toujours inutile d'y recourir, parce qu'il ne produirait pas les résultats qu'on en attend.

Ils prétendent que l'on ne pourra établir une progression exacte, parce que l'argent n'a pas la même valeur partout ; ce qui fera que des revenus égaux, seront inégalement imposés, quand ils seront représentés par des sommes d'argent différentes. Mais on parvient déjà à surmonter cette difficulté au sujet des traitements des fonctionnaires, et il n'existe pas de motif qui permette de supposer qu'il serait plus difficile de la surmonter au sujet de l'impôt.

On va même jusqu'à dire que cet impôt retomberait sur la consommation, comme le font les impôts actuels. Mais c'est uniquement parce que l'impôt proportionnel atteint les petits entrepreneurs, que l'impôt fait augmonter le prix des produits. Quand on établit un impôt de ce genre, les entrepreneurs ou augmentent immédiatement les prix, ou ne les augmentent pas. S'ils les augmentent, la consommation se restreint, et les petits entrepreneurs, qui n'échangeaient auparavant qu'autant qu'il le fallait pour se procurer le nécessaire, n'échangent plus suffisamment pour se le procurer, et se ruinent ; et c'est leur ruine qui, en faisant diminuer la production, consolide l'augmentation des prix, qui ne pourrait se maintenir sans cela. Si les entrepreneurs n'augmentent pas d'eux-mêmes les prix, les petits, qui ne se procuraient auparavant que le nécessaire, contraints de prélever le montant de l'impôt sur leur revenu, n'en ont plus suffisamment, et se ruinent encore, et c'est la diminution de la production qui résulte de leur ruine, qui fait augmenter les prix des produits. Si l'impôt établi était progressif, les entrepreneurs n'augmenteraient pas les prix, puisque les petits entrepreneurs ne le payeraient pas, et la ruine de ces derniers ne saurait faire augmenter les prix, puisqu'elle n'aurait pas lieu. L'impôt ne saurait donc alors retomber sur la consommation.

De plus, on peut faire, à toutes les objections dont nous venons de parler, une réponse qui est péremptoire : c'est que l'impôt progressif sur le revenu existe dans quelques cantons suisses, et qu'il n'y présente aucun des inconvénients qu'on lui attribue avec tant de libéralité.

Non seulement l'impôt progressif sur le revenu n'aurait pas ces inconvénients, mais en dehors des avantages u'il aurait pour but de produire, il en présenterait d'autres qui seraient très utiles au développement de la production.

Nous avons reconnu qu'il rendrait impossible toute augmentation non justifiée des charges publiques. Il ne se bornerait pas à cela ; il les ferait diminuer, car il exigerait beaucoup moins de frais de recouvrement que la plupart des impôts actuels, puisqu'il est un impôt direct. De plus, il ferait diminuer sensiblement les dépenses d'assistance publique et de répression, puisqu'en faisant disparaître les crises que cause l'abus de la capitalisation, il ferait diminuer sensiblement le nombre des indigents.

Il pourrait être augmenté fortement sans causer de maux, puisqu'il n'atteindrait d'abord que le revenu superflu, et ensuite, que le revenu nécessaire de ceux qui posséderaient beaucoup de capitaux, et pourraient, par suite, se passer de revenu pendant un temps assez long. Cette particularité le rendrait très utile dans les moments où l'État doit tout à coup augmenter fortement ses dépenses, comme, par exemple, en temps de guerre.

Toute réduction de la production, en privant des travailleurs d'emploi, en met toujours un certain nombre dans la nécessité de changer de profession, car il n'arrive jamais que, lorsque la production se relève, ils retrouvent tous une situation semblable à celle qu'ils occupaient auparavant. Or, le producteur qui change de profession, ne peut acquérir, dans le travail, une habileté aussi grande que s'il n'en changeait pas. L'impôt progressif sur le revenu, en faisant disparaître les crises que cause l'abus de la capitalisation, rendrait donc plus grande l'habileté professionnelle des travailleurs ; ce qui ne saurait manquer d'être favorable à la production.

Cet impôt produirait encore le même résultat, en rendant la marche du progrès plus rapide. Cette marche est d'autant plus rapide qu'il y a plus de gens qui cherchent à faire des inventions, des découvertes. Aujourd'hui, beaucoup de gens qui peuvent tenter de faire de ces choses, et qui possèdent les ressources nécessaires pour cela, n'osent pas le faire, parce que la concurrence est si vive qu'il est presque impossible de réparer les pertes que cause un insuccès. L'impôt en question, en atténuant la concurrence, permettrait à ceux qui éprouveraient des pertes, de les réparer plus facilement, et dissiperait les craintes de ces travailleurs.

Enfin, cet impôt permettrait de réduire le nombre des intermédiaires, qui est ridiculement exagéré. Actuellement, toute réduction de ce nombre a, ainsi que nous aurons l'occasion de l'exposer plus loin, pour effet de développer l'abus de la capitalisation, de sorte que ce qu'elle fait gagner à la production d'un côté, elle le lui fait perdre de l'autre. L'impôt progressif sur le revenu, en faisant disparaître l'abus de la capitalisation, ferait que cette réduction n'aurait plus d'autre effet que de faire augmenter la production.

CHAPITRE XIV

DES DETTES PUBLIQUES

Nous avons dit que lorsque les impôts ne peuvent plus être augmentés, on a recours à l'emprunt. C'est ainsi que se forment les dettes publiques.

On est amené à emprunter, même avec le meilleur système d'impôt. Les charges publiques sont sujettes à augmenter brusquement et fortement, par suite de guerres, de révolutions, de la nécessité où l'on se trouve d'effectuer parfois de grands travaux d'intérêt public. Il serait nuisible à la production de demander immédiatement à l'impôt les ressources nécessaires pour faire face à ce supplément de charges. Cela est même parfois impossible.

Mais il faut rembourser régulièrement les sommes empruntées. Comme ces augmentations se reproduisent, le recours à l'emprunt doit se reproduire aussi, et, si l'on ne rembourse pas, la dette publique augmente continuellement, et, pour pouvoir en payer les intérêts, il faut augmenter continuellement les impôts. Ces derniers finissent alors par devenir si élevés qu'ils ne peuvent plus être augmentés, et que l'on se trouve hors d'état de faire face aux charges publiques.

L'Etat peut quelquefois, il est vrai, emprunter sans augmenter les impôts. Il obtient ce résultat au moyen de ce que l'on nomme la *conversion* des dettes publiques. Cette opération consiste à placer les créanciers de l'Etat dans l'alternative d'accepter une réduction du taux de l'intérêt, ou le remboursement de ce qui leur est dû. La réduction d'intérêts que l'Etat obtient ainsi lui laisse, sur le produit des impôts, des ressources disponibles, qui lui permettent de payer les intérêts d'un nouvel emprunt, sans rien demander aux contribuables.

Mais l'emploi de ce procédé ne peut être que temporaire. L'Etat ne peut y recourir que s'il jouit d'un bon crédit, qui lui permette de trouver des prêteurs nouveaux, si les anciens se refusent à accepter la réduction d'intérêt qu'il leur propose. Or, si ses dettes augmentent continuellement, son crédit ne sera certainement pas toujours assez bon pour cela. D'ailleurs, même en possession d'un bon crédit, l'Etat ne pourrait pas toujours recourir à ce moyen, car, au-dessous d'un certain taux d'intérêt, il ne pourrait plus trouver de prêteurs, si grandes que fussent les garanties qu'il leur offrirait.

Actuellement, les dettes publiques augmentent sans cesse. On ne rembourse pas les sommes empruntées, ou l'on ne les rembourse qu'en partie. Les impôts actuels sont donc incapables de faire face aux charges publiques.

Comme c'est parce que ces impôts atteignent les pauvres qu'il en est ainsi, il faut donc, pour que le produit des impôts soit suffisant, que les pauvres ne soient pas atteints. Par conséquent, il faut recourir à l'impôt progressif sur le revenu, non seulement pour supprimer l'abus de la capitalisation, mais encore pour permettre à l'Etat de se procurer des ressources suffisantes.

CHAPITRE XV

DES MESURES DE TRANSITION

Il est impossible de supprimer tout d'un coup les impôts existants, pour les remplacer par d'autres. Toute réforme des impôts a pour but d'augmenter les charges d'une partie des contribuables et de réduire celles des autres ; elle a donc pour effet de faire diminuer la production des uns et de faire augmenter celle des autres. Mais, tandis que la diminution de la production des uns a lieu immédiatement, l'augmentation de celle des autres n'a lieu qu'au bout de quelque temps. Toute opération de ce genre a donc pour effet une diminution au moins temporaire de la production. Par conséquent, toute opération de ce genre de quelque importance, risque de rendre la production insuffisante, et pour éviter cet inconvénient, lorsqu'on veut supprimer les impôts existants et les remplacer par d'autres, il faut le faire en plusieurs fois.

D'autre part, si l'impôt progressif était plus lourd qu'il ne le faudrait pour faire disparaître l'abus de la capitalisation, il rendrait les capitaux insuffisants et il serait ainsi nuisible à la production, comme cet abus. Or, on ne sait pas dans quelle proportion, les capitaux deviennent surabondants ; c'est par l'expérimentation seule que l'on peut savoir jusqu'à quel point on peut pousser cet impôt sans le rendre trop lourd. L'impôt progresssif sur le revenu doit donc être établi d'abord de manière à être insuffisant, puis, être augmenté peu à peu, jusqu'à ce que ses effets montrent qu'il est suffisamment élevé.

Il sera donc, à tous les points de vue, nécessaire de procéder par opérations partielles et successives, à l'établissement de l'impôt progressif sur le revenu, destiné à limiter la capitalisation, car, il est certain que pour que cet impôt produise les effets qu'on en attendra, il faudra qu'il soit assez élevé pour fournir à l'Etat, au moins la plus grande partie de beaucoup, des ressources nécessaires pour faire face aux charges publiques.

La limite de la capitalisation individuelle devra d'ailleurs varier. On augmente aujourd'hui la somme des capitaux pour deux causes : parce que la population augmente et parce que la sécurité s'établit dans les pays où elle fait défaut, et permet d'y employer plus de capitaux Ces deux causes cesseront tôt ou tard d'exister. D'abord les pays où la sécurité ne règne pas, deviendront de moins en moins nombreux, jusqu'à ce qu'il n'y en ait plus du tout ; ensuite, la population, quand elle sera devenue très nombreuse, ne pourra plus augmenter que de moins en moins, jusqu'à ce qu'elle cesse complètement de pouvoir le faire. Par conséquent, après que la capitalisation individuelle aura été limitée, elle devra être réduite progressivement, jusqu'à un certain point.

LIVRE IV

DES SALARIÉS

Le but de l'économie politique est, comme nous l'avons déjà dit, la recherche des lois à établir pour favoriser le développement de la production. Mais comme, aujourd'hui, la situation d'une partie des travailleurs est particulièrement critique, l'attention publique se porte surtout sur la situation de ces travailleurs, et l'on propose souvent l'emploi de moyens ayant uniquement pour but de leur permettre de se procurer des revenus plus abondants.

Ces travailleurs sont ceux qui se procurent du revenu en vendant leur travail, c'est-à-dire, ceux dont les ressources consistent en salaires. Nous ne nous sommes pas particulièrement occupé d'eux jusqu'ici, et il n'était point nécessaire que nous nous en occupassions de cette manière, puisque le but de nos recherches était ce qui est utile à tous. Il est certain que le partage égal des biens de succession et la suppression de l'abus de la capitalisation rendraient leurs ressources plus grandes, car le premier ferait qu'ils posséderaient plus de capitaux, et la seconde, qu'ils auraient des salaires plus élevés et plus réguliers.

Mais pour que notre travail soit complet, il faut que nous examinions si les lois de la production, que nous venons d'exposer, permettraient que l'on pût, par les moyens en question, obtenir les résultats que s'en promettent ceux qui en préconisent l'emploi.

CHAPITRE I

DE L'ÉPARGNE

Quelques salariés parviennent à épargner suffisamment pour se créer des capitaux qui leur permettent de se procurer du revenu autrement que par leur travail, ou de fonder de petites entreprises. Il en est même qui parviennent ainsi à se créer une certaine aisance. Les adversaires des réformes s'appuient sur ces faits pour prétendre que les autres salariés peuvent aussi améliorer leur sort par ce moyen ; ils leur reprochent de ne pas l'employer, et ils les exhortent à le faire.

Mais les salariés ne peuvent, en général, épargner plus qu'ils ne le font. Tant qu'ils ne sont pas tous employés, leurs salaires ne peuvent guère s'élever au-dessus de leur nécessaire ; quand ils le sont tous, leurs salaires sont plus élevés, mais comme ils n'arrivent à être tous employés aujourd'hui que par l'effet de l'abus de la capitalisation, cette augmentation de leurs salaires ne se maintient pas longtemps. De plus, les pertes de travail que leur cause cet abus leur enlèvent ce qu'ils ont pu épargner, et souvent davantage.

D'ailleurs, s'ils épargnaient plus qu'ils ne le font, il en résulterait simplement qu'ils perdraient plus de travail. Plus il y a de gens qui capitalisent, plus les capitaux se multiplient rapidement, et plus ils deviennent fréquemment surabondants. Si donc les salariés augmentaient leur épargne et leur capitalisation, les crises que cause l'abus de la capitalisation seraient plus fréquentes et comme ces crises leur enlèvent ce qu'ils ont pu économiser, ils ne pourraient pas plus s'enrichir qu'ils ne le font actuellement.

Au lieu de capitaliser le fruit de leur épargne, les salariés peuvent le thésauriser ; mais cela ne change rien aux résultats : au lieu de faire augmenter la production, leur épargne empêche la consommation de se développer ; ce qui produit exactement les mêmes effets.

Si quelques-uns d'entre eux parviennent aujourd'hui à s'enrichir par l'épargne suivie de capitalisation ou de thésaurisation, c'est précisément parce qu'ils sont à l'état d'exception. Cela provient de ce que les pertes que cause leur épargne retombent sur tous les salariés ; de sorte qu'ils n'en subissent qu'une partie, et qu'il leur reste une partie de ce qu'ils ont épargné. Il arrive même que ces pertes retombent exclusivement sur d'autres salariés. C'est ce qui a lieu lorsque ceux qui épargnent occupent des emplois qui sont à l'abri des effets des crises comme les employés des administrations publiques, quelques uns de ceux des grandes entreprises, et les domestiques des gens riches.

CHAPITRE II

DES ASSOCIATIONS COOPÉRATIVES DE PRODUCTION

La plupart des salariés qui épargnent ne pouvant le faire que très peu, l'idée leur est venue de s'associer entre eux sous diverses formes, pour tirer le meilleur parti possible du fruit de leur épargne.

Pour qu'une entreprise quelconque puisse résister à la concurrence des autres entreprises du même genre, il faut que la division du travail y atteigne un certain degré de développement, et, par conséquent, qu'elle dispose d'une certaine quantité de capitaux. Aucun des salariés dont nous parlons, ne dispose d'une telle quantité de capitaux ; mais, en s'associant, plusieurs d'entre eux parviennent à la former. Ainsi se créent les associations dites *coopératives de production*, et dans lesquelles le capital et le travail sont fournis par les mêmes personnes.

Ces associations possèdent de certains avantages pour résister à la concurrence. D'abord elles n'ont pas à craindre la grève ; ensuite, le travail y est effectué avec plus d'ardeur et de soin, puisque les travailleurs qu'elles emploient travaillent pour eux et non pour d'autres.

Mais ces associations présentent aussi, à ce même point de vue, une grande infériorité à l'égard de l'autre forme d'entreprises.

Elles produisent souvent peu et d'une manière défectueuse parce que les salariés ne sont pas encore préparés suffisamment à ce mode d'association. Beaucoup d'entre eux s'imaginent que ce n'est rien que de diriger une entreprise, que la seule chose qui importe, c'est de produire. Par suite de cette manière de voir, ceux qui fondent de telles entreprises, ne font pas les sacrifices nécessaires pour se procurer des directeurs capables ou se refusent à leur accorder l'autorité dont ils ont besoin pour remplir convenablement leurs fonctions, et ces entreprises sont, pour la plupart, mal administrées.

Les entreprises supportent plus ou moins facilement la stagnation des affaires que cause l'abus de la capitalisation, selon qu'elles peuvent alors réduire leurs frais plus ou moins fortement. Les entrepreneurs qui emploient des salariés peuvent facilement et fortement réduire les leurs, en congédiant une partie de leurs salariés, et même en les congédiant tous au besoin. Mais les associations coopératives de production ne peuvent pas réduire les leurs de cette manière, puisque leurs salariés sont leurs propres membres. Elles doivent donc continuer à produire et, pour cela, elles doivent vendre à perte, de sorte qu'elles résistent très difficilement au mauvais état des affaires.

Les désavantages de ces associations dans la concurrence, étant beaucoup plus grands que leurs avantages, elles doivent finir par succomber, et la statistique nous apprend que c'est, en effet, presque toujours ce qui a lieu. Elles ne peuvent donc, en général améliorer le sort de leurs membres.

CHAPITRE III

DES ASSOCIATIONS COOPÉRATIVES DE CONSOMMATION

Nous avons dit qu'un certain nombre de travailleurs doivent se charger de distribuer les produits entre les consommateurs. Moins il y a de travailleurs employés de cette manière, proportionnellement à la besogne à effectuer, plus la production est abondante, et les produits peu coûteux. Aussi cherche-t-on à réduire leur nombre, en fondant des *associations coopératives de consommation*.

Ces associations sont formées de consommateurs qui achètent en commun, au commerce de gros, et quelquefois aux industriels, les produits dont ils ont besoin, et se les partagent ensuite. Cela leur permet de se passer plus ou moins complètement des services du commerce de détail, et de se procurer à plus bas prix, les produits dont ils ont besoin.

Ces associations sont utiles à leurs membres, car elles leur permettent réellement de se procurer une plus grande quantité de produits. Il est vrai qu'elles leur causent des pertes de travail. Actuellement, toute augmentation de la production a pour effet de rendre plus fréquent l'abus de la capitalisation et, par suite, plus fréquentes les pertes de travail qui en découlent. L'augmentation de la production que causent ces associations, fait donc éprouver des pertes à leurs membres. Mais il leur reste néanmoins une partie du profit que la baisse des prix leur procure, car une partie des pertes que cause cette augmentation retombe sur les autres salariés.

Mais ce n'est pas en étant utile à la production, c'est en étant nuisible aux autres salariés que ces associations sont utiles à leurs membres. Les autres salariés, en effet, subissent des pertes de travail sans bénéficier d'aucune réduction de prix. Il n'est donc pas, actuellement, désirable de les voir se multiplier.

Mais lorsque l'abus de la capitalisation sera supprimé, elles pourront rendre de grands services à la production.

CHAPITRE IV

DES ASSOCIATIONS DE SECOURS MUTUELS

Il se forme aussi, parmi les salariés, des associations qui ont pour but de permettre à leurs membres de s'entr'aider dans les moments difficiles où chacun d'eux est exposé à se trouver. Au moyen de cotisations, ordinairement mensuelles, les associés forment un fonds commun, destiné à secourir ceux d'entre eux qui sont victimes d'accidents, de maladies, ou qui sont atteints de la vieillesse ou d'infirmités incurables. On avait songé aussi à donner des secours en cas de chômage; mais il a fallu y renoncer, car ces secours se prêtent aux abus avec une si grande facilité qu'il est impossible d'éviter qu'il ne s'en produise. Le manque d'emploi est souvent dû aux fautes de ceux qui en sont victimes, et il est extrêmement difficile, souvent même impossible, de distinguer les pertes volontaires d'emploi d'avec les autres.

Quoique ces associations n'imposent à leurs membres que des sacrifices minimes, il est encore impossible à tous les salariés d'en faire partie, puisque quelques-uns de ceux qui font partie de telles associations, sont contraints d'y renoncer, parce qu'ils ne peuvent continuer à payer leurs cotisations.

Ces associations sont très utiles à leurs membres, puisqu'elles permettent à ceux d'entre eux que le sort maltraite, d'être aidés et soutenus par ceux qu'il favorise. Elles développent aussi, il est vrai, l'abus de la capitalisation, car elles capitalisent. Mais elles ne le font que peu, car elles ne capitalisent que pour le service de pensions de retraite, et ces pensions sont toujours peu élevées. Toutefois, elles ont l'inconvénient de prolonger les pertes que cause cet abus. Ces pertes disparaissent plus ou moins rapidement, selon que la surabondance des produits qui les cause disparaît elle-même plus ou moins rapidement, et cette surabondance disparaît plus ou moins rapidement selon que les consommateurs dépensent plus ou moins. Or, les sommes capitalisées par ces associations ne sont pas alors dépensées, tandis qu'elles le seraient, si elles restaient entre les mains de leurs membres.

Ces associations ne donneront donc aussi toute l'utilité que l'on peut en tirer, que lorsque l'abus de la capitalisation sera supprimé.

CHAPITRE V

DE LA GRÈVE POUR AUGMENTATION DES SALAIRES

Non seulement les salaires ne sont pas ordinairement assez élevés pour permettre aux salariés d'épargner, mais ils deviennent souvent insuffisants. Aussi les salariés cherchent-ils à en obtenir l'augmentation. Il arrive souvent que les ouvriers d'une ou de plusieurs entreprises s'accordent pour demander aux entrepreneurs qui les emploient, une augmentation du taux des salaires, et que, lorsque leur demande est repoussée, ils font grève, c'est-à-dire, se refusent de concert à travailler, dans l'espoir que les pertes que la suspension du travail causera aux entrepreneurs, les contraindront à céder.

Il arrive assez souvent que les grévistes ne parviennent pas à obtenir l'augmentation qu'ils désirent ; mais il arrive aussi quelquefois qu'ils l'obtiennent, sinon en totalité, du moins en partie. Par suite de ce que le succès couronne quelquefois leurs efforts, il y a des gens qui estiment que l'emploi de ce moyen par tous les salariés à la fois, ou grève générale, pourrait amener l'augmentation générale des salaires.

Mais de ce que quelques grèves partielles réussissent, il ne suit pas que la grève générale puisse réussir aussi. Les entrepreneurs, possédant plus de ressources que les salariés, peuvent supporter plus longtemps qu'eux, la suspension de la production, et les contraindre ainsi à renoncer à leurs prétentions. Si, en cas de grève partielle, quelques-uns d'entre eux cèdent, c'est parce qu'ils ont à craindre que leur clientèle ne leur soit enlevée par leurs concurrents, ou parce que les grévistes reçoivent des subsides d'ouvriers non grévistes, alors qu'eux-mêmes n'en reçoivent pas des autres entrepreneurs, ou enfin, parce que l'état de la production exige que les salaires soient augmentés. Mais rien de tout cela ne peut arriver en cas de grève générale : les entrepreneurs n'ont pas alors à craindre d'être ruinés par leurs concurrents, puisque ceux-ci sont aussi en butte à la grève ; les grévistes ne peuvent être soutenus par les non-grévistes, puisqu'il n'y a pas de non-grévistes, et il n'arrive jamais que tous les entrepreneurs à la fois, donnent des salaires inférieurs à ceux qu'exige l'état de la production.

La grève générale ne ferait pas augmenter les salaires, même si les entrepreneurs accordaient l'augmentation demandée. L'augmentation des salaires ne peut être obtenue lorsque les produits sont trop abondants, puisqu'il est alors avantageux aux entrepreneurs, que la production soit réduite, sinon suspendue. Par conséquent, elle ne peut être obtenue que lorsque les produits ne sont pas plus abondants que la demande ne l'exige, ou le sont moins ; c'est-à-dire, lorsque la production peut encore augmenter, ou que les produits en excès n'existent pas encore.

L'augmentation du taux des salaires produit sur les entrepreneurs, les mêmes effets que la diminution du prix des produits : elle réduit ou supprime leurs bénéfices, ou leur cause des pertes. Si donc la production peut encore augmenter, l'augmentation du taux des salaires fera qu'il faudra une diminution moindre des prix pour causer la chute des petits entrepreneurs, qui rendra impossible toute nouvelle augmentation des salaires ou toute nouvelle diminution des prix. Si la production ne peut plus augmenter, mais que les produits en excès n'existent pas encore, cette augmentation produira immédiatement, sur les petits entrepreneurs, les mêmes effets que causerait la baisse des prix qui suit l'apparition des produits en excès : elle fera tomber immédiatement ces entrepreneurs, et rendra ainsi impossible cette baisse des prix. La baisse des prix étant une forme de l'augmentation des salaires, si l'augmentation directe du taux des salaires avait lieu dans ces conditions, elle ne ferait que remplacer leur augmentation indirecte, et les salaires ne seraient pas augmentés.

La chute des petits entrepreneurs n'arrête pas seulement l'augmentation des salaires et la diminution des prix ; elle fait diminuer les premiers et augmenter les seconds, car elle fait diminuer la demande de travail et l'offre de produits. Elle fait aussi diminuer la demande de produits, car elle prive des consommateurs de revenu. Toutefois, elle la fait diminuer moins que l'offre, car une partie des consommateurs qui manquent de revenu, demandent au moyen de capitaux. Elle ferait donc disparaître l'augmentation des salaires due à la grève. Elle causerait une destruction de capitaux, quoiqu'il n'y en eût pas en excès, puisqu'il en serait passé trop dans les mains des salariés, tout comme s'il en existait en excès. Le capital serait réduit tout autant, il y aurait peut-être moins de ruines, mais il en faudrait aussi moins, pour réduire le capital dans cette proportion.

Si, à la suite de la chute des petits entrepreneurs, les salaires ne baissaient pas, parce qu'il en aurait été convenu ainsi à la suite de la grève, il ne résulterait de cela aucun profit pour les salariés. Les entrepreneurs que la crise n'a pas ruinés ne peuvent augmenter leur production que lorsqu'ils reçoivent plus de monnaie qu'ils n'en donnent ; la baisse des salaires, qui fait diminuer la quantité de monnaie qu'ils donnent, pouvant se produire aussitôt que la crise a lieu, facilite donc le relèvement de la production. Par conséquent, si elle ne peut avoir lieu, ce relèvement se trouve retardé, et l'augmentation du taux des salaires se trouve toujours sans utilité pour les ouvriers.

Quand l'augmentation des salaires n'est pas générale, elle n'a pas de meilleurs résultats pour les ouvriers. Les capitaux abandonnent les industries où cette augmentation a eu lieu, parce qu'elles donnent moins de profits que les autres ; de là, dans ces industries, une réduction de la production qui cause, ou la réduction des salaires, ou l'augmentation du prix des produits. Si les salaires baissent, les effets de la grève sont annihilés ; si les prix augmentent, la production diminue, un certain nombre des travailleurs de ces industries sont contraints de chercher à en exercer d'autres, et c'est dans les autres industries que la baisse des salaires a lieu ; de sorte que les effets de la grève sont encore annihilés pour l'ensemble des salariés. Si, enfin, par suite de conventions faites à la suite de grève dans toutes les industries, les salaires ne peuvent être réduits dans aucune, les capitaux ne peuvent abandonner aucune industrie pour passer dans les autres, et il ne se produit pas de baisse des salaires. Mais on se trouve dans la même situation qu'en cas de grève générale suivie de succès, et d'engagement de ne pas réduire le taux des salaires, et les salaires ne sont toujours pas, en réalité, augmentés.

Il résulte de cela que le système qui consiste à obtenir l'augmentation générale du taux des salaires, au moyen de l'emploi successif de la grève dans toutes les industries, est aussi inefficace que celui qui consiste dans l'emploi simultané de ce procédé dans toutes les industries.

La grève pour limitation du nombre des ouvriers, dans le but de faire augmenter les salaires, est aussi incapable d'améliorer le sort des classes laborieuses. Employée avec succès dans une industrie, elle fait augmonter les salaires des ouvriers de cette industrie, en faisant diminuer les salaires de ceux des autres, puisqu'on ne peut empêcher la multiplication du nombre des ouvriers dans une industrie qu'en la rendant plus grande dans les autres. Employée avec succès dans toutes les industries, elle priverait de salaires un certain nombre d'ouvriers, et elle serait sans utilité pour les autres, car elle ferait augmenter les prix des produits dans toutes les industries, et c'est seulement quand les prix des produits n'augmentent pas dans les industries autres que la leur, que les ouvriers qui ont fait grève pour limiter leur nombre, tirent un profit de l'augmentation du taux de leurs salaires.

La grève ne peut réellement faire augmenter les salaires que lorsque, l'état de la production exigeant qu'ils soient augmentés, ils ne le sont pas. Hors de là, elle ne peut être utile aux ouvriers que pour faire aboutir des revendications étrangères à cette augmentation.

CHAPITRE VI

DE LA FIXATION D'UN MINIMUM AU TAUX DES SALAIRES

On prétend aussi que le législateur peut faire augmenter les revenus des ouvriers en fixant un minimum au taux des salaires.

Cette manière de procéder aurait l'avantage de ne pas

causer d'abord, comme le ferait la grève, de pertes de travail, car il est douteux que, pour se soustraire à ses effets, les entrepreneurs suspendissent la production. On pourrait, en tout cas, le leur interdire.

Mais ensuite, ses effets seraient exactement les mêmes que ceux de l'augmentation générale du taux des salaires, avec engagement de ne pas le réduire, due à la grève : cette limitation de la diminution du taux des salaires causerait une limitation équivalente de la baisse des prix, et serait ainsi sans utilité pour les ouvriers.

La loi du minimum, comme, d'ailleurs, l'augmentation générale et permanente du taux des salaires, due à la grève, nuirait en outre à la production. C'est la variation des salaires qui distribue le travail suivant les besoins, qui fait augmenter le nombre des ouvriers dans les industries où il en manque, et le fait diminuer dans celles où il y en a trop. Si le taux des salaires ne pouvait plus diminuer, ces effets de ses variations seraient réduits de plus de moitié, car leur diminution agit plus fortement que leur augmentation, et la distribution du travail rencontrerait plus de difficultés et serait accompagnée de plus de pertes.

CHAPITRE VII

DE LA FIXATION LÉGALE DES PRIX DES PRODUITS

On prétend encore qu'il est possible d'augmenter les revenus des salariés en fixant un maximum aux prix des produits. Cette mesure serait analogue à la précédente puisque, comme nous l'avons vu, la baisse du prix des produits n'est qu'une augmentation indirecte des salaires. Elle aurait donc les mêmes résultats.

L'augmentation normale du prix des produits est causée par leur rareté, et elle est alors nécessaire : lorsque les produits sont peu abondants, il faut que la consommation se restreigne, afin qu'on n'ait pas à craindre de s'en trouver dépourvu, et c'est l'augmentation des prix qui contraint la consommation à se restreindre. L'histoire nous apprend que l'empereur Julien, ayant baissé les prix à Antioche, il en résulta une affreuse famine.

On dit que les prix augmentent plus fortement qu'il ne le faut pour que la consommation soit suffisamment réduite ; mais cela est inexact, du moins quand il ne se produit pas d'abus de spéculation, car la réduction de la consommation ne tarde pas à entraver la hausse des prix.

L'augmentation des prix est aussi nécessaire pour obtenir dans la suite une production plus abondante.

Pour que ce résultat se produise, il faut des capitaux et des travailleurs nouveaux ; l'augmentation des prix permet aux entrepreneurs des industries où la production est insuffisante, de se créer des capitaux nouveaux, et elle attire des travailleurs nouveaux dans ces industries.

Cette augmentation est même nécessaire pour que la production ne continue pas à diminuer. La rareté des produits, qui en fait augmenter le prix, en fait aussi augmenter le coût de production. Par exemple, le cultivateur fait autant d'avances pour une mauvaise récolte que pour une bonne, et moins ses produits sont abondants, plus le coût de chacun d'eux est élevé. Si donc, il ne peut vendre ses produits à plus haut prix quand il en a peu, il se ruine, et il est contraint de cesser de produire, ce qui fait diminuer la production générale.

La loi du maximum serait donc nuisible aux ouvriers, puisqu'elle ne leur apporterait un soulagement momentané, qu'au prix de privations beaucoup plus grandes dans la suite. Sans doute, il arrive parfois, lorsque les prix augmentent fortement, que l'Etat doit combattre la détresse des classes laborieuses ; mais, s'il veut le faire au moyen d'une réduction de prix, il doit acheter les produits au cours établi par la loi de l'offre et de la demande, afin de permettre à la production de se développer, ou, au moins, de cesser de diminuer ; puis, vendre à prix réduit, mais en procédant au rationnement, afin d'empêcher la consommation d'être trop rapide.

CHAPITRE VIII

DE LA PARTICIPATION DES OUVRIERS AUX BÉNÉFICES

Les ouvriers participent aux pertes des entreprises qui les emploient, car lorsque les affaires de ces entreprises deviennent languissantes, leurs salaires diminuent, ou même disparaissent complètement, pour un temps plus ou moins long ; il serait donc assez juste qu'ils participassent aux bénéfices. Plusieurs entrepreneurs ont accordé cette dernière participation à leurs salariés et, bien loin qu'il en soit résulté pour eux aucun inconvénient, ils s'en sont bien trouvés. Ce procédé ne peut, en effet, nuire aux entrepreneurs, puisqu'il ne leur enlève qu'une partie de ce qui ne leur est pas nécessaire pour continuer à produire autant qu'ils le font. On demande donc aussi que la loi oblige les entrepreneurs à accorder cette participation à leurs salariés.

Il faut d'abord remarquer que cette intervention de la loi, si elle était efficace, ne saurait faire augmenter les revenus de tous les salariés, puisqu'il existe toujours des entreprises qui ne donnent pas de bénéfices. Cette intervention ne permettrait donc, en aucun cas, d'atteindre le but qu'on poursuit.

Elle ne permettrait même pas d'obtenir l'augmentation des revenus de ceux des ouvriers qui travaillent chez des entrepreneurs qui font des bénéfices, et qui se refusent à leur accorder cette participation. Si on la leur imposait, ces entrepreneurs pourraient, en réduisant les salaires, récupérer ce qu'elle leur enlèverait. On prétend, il est vrai, que si les salaires sont réduits, la participation aux bénéfices sera néanmoins avantageuse aux ouvriers, parce que la diminution des salaires fera augmenter la quantité des bénéfices à partager, et que la participation leur rapportera ainsi davantage. Il y aurait bien, en effet, un supplément de bénéfices à partager ; mais ce que les salariés recevraient en plus de bénéfices, ne saurait les indemniser de la perte qu'ils éprouveraient par suite de la réduction de leurs salaires. Le supplément de bénéfices serait réalisé uniquement à leurs dépens, puisqu'il proviendrait uniquement de la réduction des salaires ; pour qu'ils fussent indemnisés en entier de cette réduction, il faudrait donc qu'il leur fût attribué en entier ; or, il ne leur rentrerait qu'en partie, puisque tous les bénéfices devraient être partagés entre eux d'une part, et les entrepreneurs de l'autre. Les salariés perdraient donc bien une partie de leurs salaires, qui resterait aux entrepreneurs, et indemniserait ceux-ci de la part de bénéfices qu'ils devraient leur accorder.

Les entrepreneurs obtiendraient sans aucune difficulté la réduction des salaires. On sait que les avantages ou les désagréments du travail influent sur le montant des salaires, que les premiers les font diminuer, et les seconds augmenter. La permanence de l'emploi ou la commodité du travail, par exemple, sont des avantages qui le font diminuer. La perspective de recevoir une part de bénéfices à la fin de l'année, serait un avantage analogue à ceux là, et il n'existe pas de motif qui permette de supposer qu'il ne produirait pas les mêmes effets.

Même lorsque des entrepreneurs accordent volontairement la participation aux bénéfices à leurs ouvriers, il arrive qu'il la leur rendent inutile et même nuisible. Il est arrivé que des salariés, auxquels cette participation avait été accordée volontairement, n'ont plus voulu, après expérimentation, de ce mode de rémunération, et ont demandé le retour à l'ancien. Il est évident que ces salariés n'auraient pas agi de la sorte, si la participation avait eu pour effet d'augmenter leurs revenus.

Il résulte de ce qui précède que, pour que cette participation fût utile, même simplement aux ouvriers qui travaillent dans quelques entreprises, il faudrait qu'il fût interdit aux entrepreneurs de réduire le taux des salaires. Or, nous avons vu précédemment que cela ne se peut. La participation aux bénéfices, imposée par la loi, est donc incapable de faire augmenter les revenus même d'une partie des ouvriers.

CHAPITRE IX

DE LA SUPPRESSION DES MACHINES

Lorsqu'on a commencé à se servir de machines, les ouvriers ont prétendu qu'elles leur enlevaient leur travail ; ils ont souvent refusé de les employer, et les ont même parfois brisées. Ils sont revenus de cette erreur aujourd'hui. Néanmoins, quelques-uns y retombent encore, lorsque le chômage se fait sentir.

Les machines ne peuvent nuire aux ouvriers. En économisant du travail, elles en privent bien quelques-uns d'emploi. Mais en faisant baisser le prix des produits elles rendent disponible, une partie des revenus des consommateurs, et elles permettent ainsi à ces derniers de demander un supplément de produits, pour la création desquels, les ouvriers qu'elles ont privés de travail sont employés.

Ces ouvriers ont néanmoins, il est vrai, un moment difficile à passer, parce que la consommation qui doit leur donner du travail, peut tarder à se développer, et qu'il faut organiser la production des objets nouveaux qu'elle demande, ce qui demande toujours un peu de temps. Mais ce moment est très court, et, d'ailleurs, les pertes qu'ils éprouvent ainsi sont largement compensées par le profit que leur procure la réduction permanente des prix.

Il est vrai que, depuis que l'on emploie les machines, les ouvriers subissent des chômages plus fréquents, et que leur condition se trouve ainsi plus instable et, par suite, plus mauvaise. Mais ce ne sont pas les machines qui en sont la cause. Cela provient de ce qu'en rendant la production plus rapide, elles rendent la capitalisation plus facile, et qu'il est abusé davantage de celle-ci. Pour faire disparaître ces chômages, c'est donc cet abus qu'il faut supprimer. Par conséquent, ce qui les cause, c'est cet abus, et non l'emploi de machines.

CHAPITRE X

DE LA LIMITATION DE LA JOURNÉE DE TRAVAIL

La concurrence pousse les entrepreneurs à prolonger à l'excès la durée de la journée de travail. Cela n'est utile à aucun d'eux puisque tous la prolongent autant les uns que les autres; mais cela est nuisible aux salariés, auxquels on demande des efforts excessifs. Il est donc bon que la journée de travail soit limitée légalement, puisque cela est utile aux seconds sans être nuisible aux premiers.

Mais on prétend que cette limitation peut aussi faire augmenter les revenus des ouvriers. On dit qu'elle fera diminuer leur production quotidienne, qu'elle fera ainsi diminuer l'offre de travail, et que, par suite, elle en fera augmenter le prix, ou que, tout au moins, elle rendra la surproduction impossible et rendra ainsi les salaires plus réguliers.

La limitation de la journée de travail ferait ou ne ferait pas diminuer la production du salarié selon le degré auquel elle serait poussée. L'homme ne peut fournir quotidiennement qu'une quantité limitée de travail; mais il ne lui faut aussi qu'un certain temps pour fournir cette quantité de travail, et si l'on exige de lui qu'il travaille plus longtemps, il n'en fournit pas davantage. Il peut, tout au plus, en fournir davantage pendant un petit nombre de jours, et sa production retombe ensuite à son ancien niveau, ou bien ses forces s'épuisent, et il finit par ne plus pouvoir produire.

Si donc, la journée de travail étant excessive, on la réduit de manière à laisser au travailleur, le temps qui lui est nécessaire pour effectuer tout le travail dont il est capable, sa production ne diminuera pas; mais elle diminuera, si la journée de travail est réduite de manière à ne pas lui laisser ce temps.

Mais si la durée de la journée de travail était limitée de cette dernière manière, la diminution de l'offre de travail qui en résulterait, ne ferait nullement augmenter les salaires. Cette diminution ne rendrait évidemment pas les capitaux plus abondants ; elle ferait seulement qu'ils seraient employés au payement d'un plus petit nombre d'heures de travail, et que le prix de l'heure de travail se trouverait augmenté. Mais comme la journée comploterait moins d'heures de travail, le salaire quotidien ne serait pas augmenté.

De même, cette diminution ne saurait faire disparaître l'abus de la capitalisation, et les pertes de travail qui s'ensuivent. Elle ferait que la production serait moins abondante et qu'il serait créé moins de capitaux, mais on ne pourrait aussi en employer que moins. Les entrepreneurs, comme nous le savons, n'emploient que les salariés qui ne les mettent pas en perte; or, plus le travail est coûteux, plus le nombre de ces salariés est réduit. La limitation de la journée de travail qui rendrait le travail plus coûteux, ferait donc qu'on ne pourrait plus employer qu'un nombre moindre de salariés et, par conséquent, qu'une quantité moindre de capitaux. Elle n'empêcherait donc pas les capitaux de devenir surabondants, et même aussi souvent et aussi fréquemment qu'ils le deviennent.

Ainsi, la limitation de la journée de travail qui ferait diminuer l'offre de travail, ne ferait pas augmenter les salaires ; elle donnerait un peu plus de loisirs à une partie des salariés et elle en priverait d'autres de travail et de salaires.

CHAPITRE XI

DE L'EMPLOI DES OUVRIERS SANS TRAVAIL PAR L'ÉTAT

En employant lui-même les membres des classes laborieuses qui ne trouvent pas d'emploi dans les entreprises privées, l'Etat mettrait les membres de ces classes, au moins à l'abri du dénuement.

Mais pour employer ces ouvriers, il devrait se procurer des capitaux. Il ne disposerait que de deux voies pour y parvenir : l'impôt ou l'emprunt.

Quelle que soit celle de ces deux voies qu'il emploie, il augmente les charges des autres salariés. Recourir à l'emprunt, c'est recourir à l'impôt, puisqu'il faut recourir à l'impôt pour se procurer les fonds nécessaires au payement des intérêts des sommes empruntées. Or, la plupart des impôts actuels retombent sur les consommateurs et, par conséquent, atteignent les salariés. Il est douteux que les salariés employés pussent supporter ce supplément de charges.

De plus, ces capitaux une fois obtenus, il faudra que l'Etat les fasse reproduire aux salariés qu'il emploiera. S'il leur fait produire autre chose que des capitaux, il devra continuellement demander des capitaux nouveaux, soit à l'impôt, soit à l'emprunt, et il lui sera tôt ou tard impossible d'en obtenir. Les salariés employés, qui auraient déjà bien de la peine à supporter les impôts qui auraient pour but la création de ces capitaux, ne pourraient certainement pas toujours supporter ceux qui auraient pour but de les renouveler. Par l'emprunt, les intérêts à payer augmenteront continuellement, et il faudra augmenter continuellement les impôts, ce qui les rendra infailliblement excessifs tôt ou tard.

Pour faire reproduire ces capitaux aux salariés qu'il emploiera, l'Etat devra leur faire produire ce que produisent les entrepreneurs, ou leur faire effectuer des travaux d'intérêt public utiles.

S'il fait concurrence aux entrepreneurs, ou il succombera, et ne pourra faire reproduire ces capitaux, ou il l'emportera, et les ruinera, ce qui le mettra dans la nécessité d'employer tous les salariés, d'où résultera l'établissement du régime collectiviste, qui ne peut subsister.

Il ne pourra, du moins toujours, leur faire effectuer des travaux d'intérêt public réellement utiles. Les travaux de ce genre sont de trop peu d'importance pour cela. De plus, il est rare qu'il en reste à effectuer, car presque tous les gouvernements ont l'habitude d'employer non seulement autant, mais plus de salariés qu'il n'en faut pour effectuer ce genre de travaux.

Il est donc impossible à l'Etat de fournir du travail aux salariés sans emploi.

CHAPITRE XII

DES RETRAITES OUVRIÈRES

L'un des effets les plus pénibles de l'insuffisance des salaires est le dénuement des ouvriers devenus trop âgés pour pouvoir travailler, aussi songe-t-on encore, pour remédier à cette insuffisance, à fonder une pension de retraite en faveur des ouvriers. Mais cette institution présente d'immenses difficultés, et peut devenir une cause de ruine et de destruction pour la société.

Pour se procurer les fonds nécessaires au service des pensions, deux systèmes sont en présence. Dans l'un, on prélèverait purement et simplement ces fonds sur le produit des impôts ; dans l'autre, on créerait un capital qui, augmenté des intérêts qu'il produirait, serait versé aux pensionnaires, sous forme d'annuités.

Mais pour employer le premier de ces systèmes, il faudrait, même pour pouvoir servir une pension très modeste, augmenter fortement les impôts, et cela ne se peut. Si, presque partout, les dettes publiques augmentent continuellement, c'est évidemment parce que l'on ne peut plus augmenter les impôts.

En effet, l'augmentation des impôts réduirait actuellement à la misère et au dénuement, un assez grand nombre de salariés. Les impôts actuels retombent presque tous sur la consommation. Ceux qui sont assis sur les objets de consommation mêmes, ou impôts indirects, y retombent directement, les prix de ces objets étant visiblement augmentés du montant de ces impôts. Les autres sont presque tous proportionnels, soit au capital, soit au revenu, soit à la production, et tous les impôts de ce genre retombent aussi sur la consommation. Ces impôts sont payés par les entrepreneurs, qui en reprennent le montant sur la consommation, au moyen d'une augmentation du prix des produits.

Pour faire face à l'augmentation des prix des produits, les salariés sont contraints d'obtenir une augmentation de leurs salaires, et ils ne le peuvent qu'en produisant davantage. Or, pour qu'ils produisent davantage, il faut que la durée de la journée de travail ou l'intensité du travail soient augmentées, et cela ne se peut que dans d'étroites limites. Il n'est donc pas surprenant que de tels impôts soient incapables de donner un produit suffisant pour faire face aux charges publiques.

De plus, avec cette manière de se procurer des fonds pour la pension de retraite, les ouvriers qui payeraient des impôts en vue de cette pension, ne seraient point assurés de l'obtenir. Les fonds versés par eux seraient employés au payement des pensions des ouvriers qui auraient atteint l'âge de la retraite, et ils devraient compter, pour recevoir à leur tour une pension de retraite, et être ainsi indemnisés des sacrifices faits par eux en vue de cette pension, sur les versements de ceux qui seraient plus jeunes qu'eux. Or, s'il plaisait aux générations nouvelles de renoncer à cette pension, on ne pourrait pas demander aux ouvriers de ces générations de payer des impôts pour la pension de retraite, et l'on manquerait de ressources pour servir cette pension à ceux qui auraient payé de tels impôts, et qui seraient à l'âge de la retraite au moment de la suppression de cette institution, ou qui l'atteindraient après cette suppression.

Le second système donnerait aux ouvriers l'assurance que les sacrifices qu'ils feraient en vue de la pension de retraite leur seraient utiles. Ce système consiste à imposer des versements aux salariés et aux entrepreneurs, à opérer de plus un prélèvement sur le produit des impôts, et à former, des sommes ainsi recueillies, un capital qui, augmenté des intérêts qu'il produirait, serait versé, par annuités, aux salariés qui atteindraient l'âge de la retraite. L'existence d'un capital mettrait les ouvriers qui auraient fait des sacrifices en vue de la pension de retraite, à l'abri des effets de la suppression de cette institution.

Mais la situation des ouvriers non retraités ne serait pas meilleure qu'auparavant. Ils auraient d'abord à verser à l'Etat une partie de leurs salaires. Ils supporteraient ensuite une partie du poids de l'augmentation des impôts. Enfin, ils auraient aussi à supporter le poids des versements imposés aux entrepreneurs. Ces versements, qui seraient proportionnels aux salaires, constitueraient une véritable augmentation du taux des salaires, et, ainsi que nous l'avons exposé au sujet de la fixation d'un minimum à ce taux, toute augmentation artificielle de ce taux retomberait sur les salariés.

Il est vrai que, par suite de la capitalisation des fonds de la pension de retraite, l'Etat n'aurait besoin de se procurer, par ces divers moyens, que des sommes moins grandes que celles qu'il devrait, dans l'autre système, demander à l'impôt, et que les sacrifices qu'il devrait demander aux salariés seraient ainsi moins lourds.

Mais cet avantage serait annihilé par cette capitalisation elle-même, car elle rendrait la capitalisation générale plus rapide et, par suite, elle ferait que les capitaux seraient plus souvent surabondants, de sorte que les pertes que cette surabondance cause aux ouvriers seraient plus grandes.

Si même on parvenait à faire supporter aux salariés, les charges de la pension de retraite, alimentée de l'une ou de l'autre façon, ce ne serait que pour quelque temps. Lorsque se produiraient les chômages pour cause d'encombrement de produits, ils ne pourraient évidemment les supporter. On ne pourrait même conserver les fonds réunis en vue du service de la pension. Les ouvriers ne pourraient alors supporter les chômages, puisque ce qu'ils pourraient épargner leur serait enlevé pour former le fonds de la pension ; il faudrait donc que l'Etat les secourût, et, par conséquent, qu'il leur rendît ce qu'il leur aurait fait verser pour la pension.

Pour éviter les inconvénients de la capitalisation, on

songe à rendre la pension de retraite facultative. On aurait, en effet, de cette manière, beaucoup moins de capitaux à créer. Mais, alors, il faudrait renoncer à imposer des versements aux entrepreneurs, car ceux-ci ne pourraient donner les mêmes salaires aux ouvriers pour lesquels ils auraient à faire des versements, et à ceux pour lesquels ils n'auraient pas à en faire. Ils déduiraient ces versements des salaires des premiers, et, si on le leur interdisait, ils emploieraient exclusivement les seconds. De plus, il faudrait renoncer à rien demander à l'impôt, car, comme il n'y aurait que les salariés les plus fortunés qui feraient des versements, aider, au moyen du produit de l'impôt, les salariés qui feraient des versements, ce serait aider les moins malheureux aux dépens des plus malheureux, puisque les impôts actuels atteignent les salariés. Dans ces conditions, la pension de retraite ne s'alimenterait plus que des versements des salariés qui voudraient bien en faire, et, pour une telle institution, l'intervention de l'Etat serait absolument inutile.

L'institution d'une pension de retraite pour les ouvriers diviserait la société en deux classes, d'une manière qui pourrait lui être funeste. Ces deux classes seraient formées, l'une, de ceux en faveur desquels la pension de retraite serait instituée, l'autre, de ceux qui n'auraient pas droit à cette pension. Les ouvriers, qui formeraient la première de ces classes, n'auraient alors aucun avantage à passer dans la seconde, puisque cela leur ferait perdre le droit à la pension. Par contre, ils auraient un avantage immédiat à faire augmenter le plus possible la pension aux dépens de l'autre classe et, comme, par le suffrage universel, ils participent au gouvernement et qu'ils sont les plus nombreux, ils pourraient augmenter cette pension de plus en plus aux dépens de l'autre classe, et rendre ainsi les capitaux insuffisants. La destruction des capitaux appauvrirait les capitalistes et les entrepreneurs, et elle appauvrirait aussi les salariés, puisque les salaires ne peuvent être payés qu'au moyen de capitaux. Comme on ne pourrait porter remède à cette situation, que si tous les membres de la société cessaient de considérer l'intérêt de leur classe pour ne considérer que l'intérêt général, et que la division serait alors trop profonde pour qu'il pût en être ainsi, cette situation ne pourrait que s'aggraver, et elle conduirait la société à la ruine et à l'anarchie.

On est arrivé, dans certains pays, où les impôts sont peu élevés, à donner une pension de retraite aux vieux ouvriers, mais cette pension est insuffisante, et il n'est pas certain qu'elle puisse toujours être servie. On ne peut, en tout cas, empêcher cette institution de porter en elle le germe d'une division pleine de dangers.

DE LA SUITE A DONNER AU PRESENT OUVRAGE

Nous venons d'exposer comment doivent être conçues les lois positives concernant la production, pour formuler les lois naturelles qui régissent cette dernière.

Mais lorsque les hommes font des conventions entre eux afin de pouvoir travailler de la manière la plus fructueuse, leur but à chacun n'est pas d'obtenir qu'il y ait dans le monde le plus de richesses possible ; ce but est de se procurer ce qui est nécessaire à la satisfaction de leurs besoins et de leurs désirs.

Pour qu'il en soit ainsi, il ne suffit pas que les lois positives concernant la production favorisent cette dernière ; il faut encore qu'elles soient telles qu'elles leur permettent d'atteindre ce but.

Il nous reste donc maintenant à chercher comment ces lois doivent être conçues pour produire ce nouveau résultat. C'est ce que nous nous proposons de faire dans un prochain ouvrage que nous intitulerons : « De la propriété ».

TABLE DES MATIÈRES

NOTIONS GÉNÉRALES

LIVRE PREMIER

DE L'EMPLOI DES AGENTS NATURELS

LIVRE II

DE LA DIVISION DU TRAVAIL

LIVRE III

DE LA CAPITALISATION

LIVRE IV

DES SALARIÉS

LAVAL. — IMPRIMERIE L. BARNÉOUD & Cie.

BIBLIOTHÈQUE INTERNATIONALE D'ÉCONOMIE POLITIQUE

PUBLIÉE SOUS LA DIRECTION DE

ALFRED BONNET

(SÉRIE IN-8)

COSSA (Luigi), professeur à l'Université de Pavie. — **Histoire des doctrines économiques**, traduit par Alfred BONNET, avec une préface de A. DESCHAMPS, 1899. 1 volume in-8, avec reliure de la Bibliothèque : 11 francs. Broché. . . . . 10 fr. »

ASHLEY (W. J.), professeur d'histoire économique à Havard University. — **Histoire et Doctrines économiques de l'Angleterre.** Tome I. *Le Moyen Age*, traduit par P. BONDOIS. Tome II. *La Fin du Moyen Age*, traduit par S. BOUYSSY, 1900. 2 volumes in-8, avec reliure de la Bibliothèque : 17 fr. Broché. . . . . 15 fr. »

SÉE (H.), professeur d'histoire à l'Université de Rennes. — **Les classes rurales et le régime domanial au moyen-âge en France**, 1901. 1 vol. in-8, avec reliure de la Bibliothèque. 13 fr. Broché . . . 12 fr. »

CARROLL D. WRIGHT, commissaire du Travail des Etats-Unis. — **L'Evolution industrielle des Etats-Unis**, traduit par F. LEPELLETIER, avec une Préface de E. LEVASSEUR, membre de l'Institut, 1901. 1 vol. in-8. Relié : 8 fr. Broché. 7 fr. »

CAIRNES (J. E.), professeur d'économie politique à l'University College de Londres — **Le Caractère et la méthode logique de l'Économie politique.** Traduit sur la 2e édit. par G. VALRAN, docteur ès-lettres, 1902. 1 vol. in-8, avec reliure de la Bibliothèque : 6 fr. Broché . . . . 5 fr. »

SMART (W.), professeur d'économie politique à l'Université de Glascow. — **La répartition du Revenu National** (Distribution of Income). Traduit avec l'autorisation de l'auteur par Georges GUEROULT avec une préface de P. LEROY-BEAULIEU, membre de l'Institut, 1902. Un vol. in-8, avec reliure de la Bibliothèque. 8 fr. Broché . . . . 7 fr. »

SCHLOSS (David). — **Les modes de rémunération du travail**, trad., précédé d'une introduction et augmenté de notes et d'appendices par Ch. RIST, 1902. 1 vol. in-8 avec reliure de la Bibliothèque : 8 fr. 50. Broché. 7 fr. 50

SCHMOLLER. — **Questions fondamentales d'Economie politique et de Politique sociale**, 1901. 1 vol. in-8, avec reliure de la Bibliothèque. 8 fr. Broché. 7 fr. »

BOHM-BAWERK — **Histoire critique des théories du capital et de l'intérêt**, 1901. 1 vol. in-8, avec reliure de la Bibliothèque : 11 fr. » Broché. . . . . 10 fr. »

PARETO (Vilfredo), professeur à l'Université de Lausanne. — **Les systèmes socialistes.** 1902. 2 vol. in-8, avec reliure de la Bibliothèque : Relié : 16 fr. Broché . . . . 14 fr. »

(SÉRIE IN-18)

MENGER (Anton), professeur de droit à l'Université de Vienne. — **Le droit au produit intégral du travail** (essai historique), traduit par Alfred BONNET, avec une préface de Charles ANDLER, 1900. 1 vol. in-18, avec reliure de la Bibliothèque : 4 fr. Broché. . . . . 3 fr. 50

PATTEN (S. N.), professeur d'économie politique à l'Université de Pensylvanie. — **Les fondements économiques de la protection**, traduit par F. LEPELLETIER, avec une préface de Paul CAUWÈS, 1899, 1 vol. in-18, avec reliure de la Bibliothèque : 3 fr. Broché. . . . . . 2 fr. 50

BASTABLE (C. F.), professeur à l'Université de Dublin. — **La théorie du commerce international**, traduit et précédé d'une introduction par SAUVAIRE-JOURDAN, 1900. 1 vol. in-18, avec reliure de la Bibliothèque : 3 fr. 50. Broché. . . . . 3 fr. »

LAVAL. — IMPRIMERIE L. BARNÉOUD & Cie

www.ingramcontent.com/pod-product-compliance
Ingram Content Group UK Ltd.
Pitfield, Milton Keynes, MK11 3LW, UK
UKHW021052220726
13924UKWH00005B/2082

9 782019 716318